METHODE NOUVELLE,

POUR APPRENDRE aux enfants, à lire parfaitement bien le Latin & le François.

Divisée en deux Parties.

La I. Ce sont des Regles pour Messieurs les Maistres.

La II. Ce sont des Leçons nouvelles pour les Enfants.

APPROUVÉE

Par Messire CLAUDE JOLY, Prestre, Docteur és Droits, Chantre & Chanoine de l'Eglise Cathedrale & Metropolitaine de Paris, Collateur, Juge & Directeur des petites Escoles de la Ville, Cité, Université, Faux-bourgs & Banlieuë de Paris.

Et par tous les Messieurs Maistres en Charge & Anciens de la Communauté des Maistres d'Escole de Paris.

Composée par M. SCIPION ROUX, Prestre, Docteur és Droits, & Maistre d'Escole à Paris.

Cor Sapientis quærit Doctrinam. Prov. 15.
Le cœur du Sage cherche la Science.

A PARIS,
Chez ANTOINE WARIN, ruë S. Jacques
prés la Fontaine saint Severin,
au saint Scapulaire.

M. DC. XCIV.
AVEC PRIVILEGE DU ROY.
Ce Volume entier se vend trente sols.

A MESSIRE
CLAUDE JOLY,
PRESTRE,
DOCTEUR E'S DROITS,
CHANTRE ET CHANOINE

de l'Eglise Cathedrale & Metropolitaine de Paris, Collateur, Juge & Directeur des Petites Escoles de la Ville, Cité, Université, Faux-bourgs & Banlieuë de Paris.

MONSIEUR,

Vous ne trouverez pas mauvais sans doute, que j'aye pris la liberté de

vous presen[...]
demander voſtre protection, pour le donner au Public. C'eſt une Methode nouvelle, pour apprendre aux enfants à lire parfaitement bien le Latin & le François en beaucoup moins de temps qu'à l'ordinaire; & ce qui m'a porté à la faire, c'est que perſonne, que je ſçache, n'a encore rien fait d'acheyé juſqu'à preſent en cette matiere; & que tout ce que nous avons de livres là-deſſus, manquent abſolument de toutes les parties, qui doivent compoſer une Methode pour la lecture. Je ne me flate pas pour cela, d'avoir donné à cet Ouvrage ſa derniere perfection, pour grande que ſoit la peine que j'aye priſe, de faire un ordre de leçons tout nouveau, & infiniment naturel depuis l'A, B, C, juſqu'à ce que l'on ſçache parfaitement lire, avec des regles ſolides pour la lecture du Latin & du François; de ſorte que j'ay taſché de n'y rien obmettre de tout ce qui peut eſtre jugé neceſſaire, & de n'y rien

...itre, qui ſe puiſſe changer, retrancher, ou meſme tranſpoſer. Mais comme je ne pretends uniquement que le bien public, je feray tousjours gloire de ſuivre les advis des gens plus eſclairez & plus experimentez, & de corriger tous les defauts qu'ils pourront trouver dans cette Methode, afin qu'elle puiſſe eſtre miſe dans un eſtat, à n'en pas faire ſouhaiter d'autre à l'avenir. J'eſpere, MONSIEUR, *que vous ne refuſerez pas voſtre Approbation à cette Methode, laquelle doit eſtre d'une ſi grande utilité aux enfants, dont l'avancement vous eſt tres-cher, ſoit par le Zele que vous avez, d'imiter en cela l'exemple de* JESUS-CHRIST, *qui ſembloit n'avoir rien tant à cœur que leur education, ſoit par l'obligation que vous en impoſe voſtre dignité de Chantre de Noſtre-Dame de Paris, laquelle vous fait le Collateur, le Juge & le Directeur des Petites Eſcoles de cette grande & fameuſe Ville. Auſſi vous en ac-*

quitez vous dignement, MONSIEUR, de cette importante Charge. Tesmoin l'illustre Communauté des Maistres d'Escole de Paris, qui est remplie de gens sages & habiles par les soins extraordinaires que vous prenez, de n'en recevoir qu'avec des Certificats de vie & de mœurs, & aprés des examens tres-exacts de leur doctrine, & de veiller sur toute leur conduite par vous-mesme & par Monsieur vostre Promoteur, qui fait pour cela de frequentes visites dans les Escoles avec un succez digne de son zele. Tesmoin enfin tout Paris, qui reconnoissant la pieté exemplaire & la grande capacité de Messieurs les Maistres d'Escole de vostre Jurisdiction, leur envoye en seureté tous ses enfants, plustost qu'à des inconnus, qui estant sans approbation, & par consequent suspects pour la pieté & pour la science, ne meritent pas qu'on leur confie ce qu'on a de plus precieux & de plus cher, qui est l'education des enfants. L'accueil favo-

rable que j'espere, MONSIEUR, de vostre bonté pour ce petit Ouvrage, m'excitera à en achever plustost un autre, qui sera plus digne de vous estre presenté. C'est une nouvelle Grammaire Latine, où je renfermeray tout ce qu'il y a dans les Rudiments & dans le Despautere, & où aprés avoir traité par ordre de chacune des huit parties d'Oraison en particulier, mais à fond, jusqu'à rendre raison generalement & dans le plus grand detail de toutes les choses grandes & petites, qui peuvent regarder ces huit parties d'Oraison: je traiteray en suite de la Syntaxe, c'est-à-dire, de la construction simple & figurée de ces huit parties d'Oraison les unes avec les autres. Dans la construction simple ou reguliere je feray quatre choses. 1. Je ramasseray toutes les difficultez de la Syntaxe, qui peuvent estre dispersées dans toutes les autres Grammaires Latines. 2. Je rangeray toutes ces difficultez dans un tel ordre, que les plus faciles precederont tousjours les plus difficiles, depuis la premiere jusqu'à la derniere. 3. Je donneray des Regles claires & solides sur toutes les difficultez. 4. Pour faire voir la solidité des Regles, j'en rendray raison au bas de chacune. Dans la Construction figurée ou irreguliere je donneray des Regles generales & particulieres pour l'élegance, soit de chaque partie d'Oraison prise separément & à part les unes des autres, soit de chaque partie d'Oraison prise selon la liaison, que l'usage seul a establie entre elles par de certaines façons de parler, differentes des façons de parler naturelles & propres de la Construction simple & reguliere, & cette Construction simple s'apprendra dans la 7e. 6e. & 5e. Classe; & la Construction figurée s'apprendra dans la 4e. & 3e. Classe. Et afin que Messieurs les Maistres, qui enseignent la Grammaire Latine aux enfants, ayent à mesme temps tout ce qu'ils pourroient souhaiter, pour s'acquiter parfaitement de leur devoir, j'ai adjousté à cette nouvelle Grammaire Latine non seulement quelques Instructions, à la faveur desquelles ils pourront avec autant de facilité que de profit. 1. *Donner les leçons aux enfants.* 2. *Leur preparer, donner & corriger les themes ; mais encore j'ay adjousté des themes François & Latins par ordre sur toutes les difficultez de la Grammaire Latine. Voilà,* MONSIEUR, *un petit plan de l'Ouvrage, que j'auray bien-tost l'honneur de vous presenter, parce qu'il vous appartient de droit, & que vostre Jurisdiction renferme egalement les sciences de la Lecture, de l'Escriture, de l'Arithmetique & de la Grammaire dans toute son estenduë. Ce sera donc à la faveur de vostre nom,* MONSIEUR, *que cette Methode nouvelle pour apprendre à lire, & cette nouvelle Grammaire Latine, se respandront dans toute vostre Jurisdiction, & de là dans toute la France, où elles seront egalement uti-*

les & necessaires. L'avantage considerable que vous procurerez par là aux enfants & à leurs parents en leur personne, vous attirera eternellement leurs loüanges & leurs prieres avec toutes les benedictions du Ciel. Ce sont les vœux que fait pour vostre prosperité,

MONSIEUR,

Vostre tres-humble & tres-obeïssant serviteur SCIPION ROUX, Prestre, Docteur és Droits, & Maistre d'Escole à Paris.

TESTIMONIUM
D. CLAUDII DES ROCQUES,

Scholasticorum ac Convictorum Magistri Parisiensis viri eruditissimi, vigilantissimíque, atque honestissimi, de Libro D. SCIPIONIS ROUX, Presbyteri, approbato à Domino Claudio Joly, Presbytero, Juris utriusque Doctore, Cantore & Canonico Ecclesiæ Parisiensis, eodémque Collatore, Judice, ac Moderatore Parvarum Scholarum Parisiensium.

AD AUTHOREM.

Arte tuâ Liber hic mendo purgatus ab omni
Scipio per varias audeat ire manus.
Immortalis erit ; casu nec decidet ullo,
Quod benè Cantoris Scipio fulcit, opus.

A L'AVTHEVR.

Ce Livre sans defaut, où ton genie esclatte,
Des Grands & des Petits sera tousjours vanté.
Le Baston Cantoral, duquel l'appuy te flate,
Ne t'en promet rien moins que l'immortalité.

APPROBATION

De Messire Claude Joly, Prestre, Docteur és Droits, Chantre & Chanoine de l'Eglise Cathedrale & Metropolitaine de Paris, Collateur, Juge & Directeur des Petites Escoles de la Ville, Cité, Université, Faux-bourgs & Banlieuë de Paris.

JE soussigné Claude Joly, Prestre, Docteur és Droits, Chantre & Chanoine de l'Eglise Cathedrale & Metropolitaine de Paris, Collateur, Juge & Directeur des Petites Escoles de la Ville, Cité, Université, Faux-bourgs & Banlieuë de Paris, certifie avoir veu & leu un Livre, intitulé, *Methode nouvelle, pour apprendre aux enfants à lire parfaitement bien le Latin & le François en beaucoup moins de temps qu'à l'ordinaire*, composé par M. SCIPION ROUX, Prestre, Docteur és Droits, & Maistre d'Escole à Paris, lequel j'ay trouvé conforme à la Religion Catholique, Apostolique & Romaine, & tres-digne d'estre mis au jour, comme estant tres-utile, pour apprendre en peu de temps à la jeunesse à lire parfaitement bien le Latin & le François. C'est pourquoy j'exhorte Messieurs les Maistres & Maistresses d'Escole de ma Jurisdiction, & tous autres, de s'en servir dans leurs Escoles. Fait à Paris ce 31. Juillet 1694.

CLAUDE JOLY.

APPROBATION

De tous les Messieurs Maistres en Charge & Anciens de la Communauté des Maistres d'Escole de Paris.

NOUS soussignez Maistres en Charge & Anciens de la Communauté des Maistres d'Escole de Paris, certifions avoir leu & examiné un Livre, intitulé, *Methode nouvelle, pour apprendre aux enfants à lire parfaitement bien le Latin & le François en beaucoup moins de temps qu'à l'Ordinaire*, composé par M. SCIPION ROUX, Prestre, Docteur és Droits & Maistre d'Escole à Paris, dans lequel nous avons trouvé des Regles si solides & des Leçons nouvelles si methodiques, pour conduire les enfans pas à pas depuis l'A, B, C, jusqu'à une parfaite lecture non seulement du Latin, mais encore du François, selon la prononciation establie & authorisée par l'usage, que nous le jugeons d'une tres-grande utilité pour le Public, & qu'ainsi Messieurs les Maistres & Maistresses d'Escole ne sçauroient mieux faire, que de se servir de cette Methode nouvelle dans leurs Escoles. Fait à Paris ce 20. d'Aoust 1694.

POIRIER. LEONARD. REGNARD.
DAVESNE. DEBEAUCHANT. RAISIN.
DUCHESNE. GOBIN. DES ROCQUES.
CHASTEL. HARIVEL. LE ROY.
MAHIEU. BINET.

PREFACE.

COMME je pretends faire une Methode nouvelle, pour apprendre aux enfants à lire parfaitement bien le Latin & le François, il me semble que je dois commencer par apporter la raison pourquoy je rejette toutes les autres Methodes ordinaires.

Je dis donc qu'elles me paroissent defectueuses dans toutes les parties, qui doivent composer une Methode pour apprendre à lire.

Le 1. defaut est, que l'on n'y apprend à connoistre les lettres que par routine; car les enfants n'ayant devant les yeux que le simple Alphabet en deux ou trois lignes, ils les ont bien-tost apprises par cœur & par routine; de sorte qu'ils nomment souvent les lettres par ordre, sans les regarder. Il me semble qu'il faudroit exercer les enfants sur divers arrangements des lettres de l'Alphabet un peu au long, afin qu'ils ne peussent pas apprendre par une pure routine, à connoistre les lettres.

Le 2. defaut est, qu'on fait si mal prononcer les lettres, qu'on ne les sçauroit distinguer les unes des autres : outre qu'il y en a plusieurs, comme x, m, n, qu'on fait prononcer tout autrement qu'il ne faut, & comme s'il y avoit isque, amme, anne. Il faut faire prononcer toutes les lettres d'une maniere qui leur soit propre, & qui les puisse distinguer fort clairement les unes des autres.

Le 3. defaut est, qu'on fait mal epeler, par exemple, pour faire epeler cette syllabe, laus ; on fait nommer les deux premieres lettres, qui sont l, a, puis on fait prononcer la, on fait ensuite nommer les deux dernieres lettres qui sont u, s ; puis sans les faire prononcer jointes ensemble, on fait prononcer laus : & ainsi de beaucoup d'autres syllabes. Maniere tout-à-fait contraire à la maniere naturelle d'epeler, que l'on trouvera au commencement des Regles de la lecture.

Le 4. defaut est, que l'on ne fait epeler qu'une page ou deux de syllabes faciles, telles que sont celles du ba, be, bi, bo, bu ; & que d'abord aprés on met les enfants à epeler toute sorte de syllabes faciles & difficiles meslées ensemble dans le *Pater*, l'*Ave*, le *Credo*, & *les Pseau-*

mes ; ce qui est les faire passer d'une extremité à l'autre, car n'ayant appris à epeler que ce peu de syllabes du ba, be, bi, bo, bu : & encore ne les sçachant epeler que par routine, ils ne sçauroient ensuite epeler les syllabes des Pseaumes, lesquelles sont la pluspart tout-à-fait differentes de celles du ba, be, bi, bo, bu, & beaucoup plus difficiles. Il devroit y avoir un ordre assez long de syllabes de toutes les sortes, dont les plus faciles precedassent tousjours les plus difficiles. C'est ainsi qu'ils apprendroient sans peine à bien epeler.

Le 5. defaut est, que l'on ne fait point assembler les syllabes des mots dans plusieurs Escoles, & que l'on fait mesme prononcer plusieurs mots ensemble, aussitost que l'on sçait epeler ; ce qui est contre l'ordre & la raison.

1. Contre l'ordre, parce qu'il y a un milieu entre epeler les syllabes d'un mot, par exemple, de quatre syllabes & prononcer ce mot sans en avoir assemblé les syllabes, & ce milieu est de faire assembler ces quatre syllabes ; & qu'il y a mesme encore un milieu entre assembler & prononcer plusieurs mots à la fois, & ce milieu est de faire prononcer un seul mot à la fois, puis deux, puis trois &

quatre à la fois. Cet exercice est absolument necessaire; autrement les enfants ne pouvant pas d'un coup d'œil prononcer assemblées les syllabes d'un grand mot, parce qu'ils n'en ont pas l'habitude, ne l'ayant pas appris, ils prononceront les syllabes de ce grand mot avec une pause aprés chacune; de sorte que chaque syllabe semblera un mot entier; ou bien un mot semblera aussi grand que toute la leçon.

2. Contre la raison, parce qu'il y a plus de facilité à assembler les syllabes d'un grand mot, qu'à prononcer ce mot sans en avoir assemblé les syllabes, & à assembler deux syllabes que trois & trois que quatre; ainsi il est clair qu'il faut apprendre à assembler les syllabes des grands mots, avant que de prononcer ces mots, & à assembler deux syllabes, avant que d'en assembler trois & trois avant quatre, & ainsi des autres.

Le 6. defaut est, que l'on ne fait pas assembler les syllabes de la maniere qu'il faut en plusieurs Escoles; car on y fait epeler toutes les syllabes d'un mot, par exemple, de *Dominorum*, qui en a 4. & aprés cela on fait prononcer assemblées toutes les syllabes de ce mot à la fois, sans les avoir fait assembler successivement les unes aprés les autres : on m'a dit aussi que quelques-uns font assembler les syllabes de plusieurs mots à la fois comme en un seul mot, ce qui est 1°. fort embarassant, parce que les enfants ont trop de peine à se souvenir des syllabes de plusieurs mots, pour les assembler. 2. fort inutile, parce que ce leur est assez d'apprendre à assembler les syllabes d'un seul mot à la fois, jusqu'à ce qu'ils apprennent à prononcer deux, puis trois & quatre mots à la fois. On trouvera dans les regles de la 4e. Classe la bonne maniere d'assembler.

Le 7. defaut est, que l'on ne fait pas assembler les enfants assez long-temps ; & ainsi faute de sçavoir bien assembler, principalement les grands mots, ils en retranchent souvent plusieurs syllabes en lisant, ou bien ils assemblent mal ; de sorte qu'ils ne peuvent pas lire couramment, sans faire beaucoup de fautes.

Le 8. defaut est, que l'on ne fait pas lire les enfants d'une voix haute, ferme, uniforme & bien distincte ; qu'on leur laisse repeter incessamment des lettres, des syllabes & des mots, lorsqu'ils lisent ; qu'on ne les reprend pas de ce qu'ils estouffent plusieurs lettres, & mesme plusieurs syllabes ; & enfin qu'on leur souffre d'autres fautes, qu'il seroit trop long de marquer icy, & que l'on marquera dans les Regles.

Le 9. defaut est, que l'on ne fait pas prononcer les mots François selon les regles de la prononciation Françoise, establie & authorisée par l'usage. J'ai mis quantité de ces Regles par ordre alphabetique parmi les Regles de la 3e. classe.

Le 10. defaut est, que l'on n'apprend pas aux enfants à s'arrester aux ponctuations dans le Latin & le François; qu'on ne leur fait pas prononcer les mots Latins selon la quantité, & qu'on ne leur apprend pas à s'arrester au sens dans les phrases Françoises un peu trop longues, où il n'y a pas des ponctuations: ce qui fait qu'il n'y a presque que les gens d'estude qui sçachent lire parfaitement bien. On trouvera pour tout cela des Regles dans la 2e. & 1e. classe.

Le 11. defaut est, qu'il y a des Maistres qui donnent à plusieurs enfants à la fois la mesme leçon, faisant dire une lettre, ou une syllable, ou un mot, ou une phrase de suite à chaque enfant l'un aprés l'autre. En cela je trouve deux inconvenients.

Le premier est, que les enfants ne peuvent pas avancer chacun selon son esprit, comme ils feroient, si on leur donnoit une leçon differente à mesure qu'ils profitent : & en cela on ne doit pas prendre exemple aux Colleges, où l'on apprend le Latin, estant là une necessité que tous les Escoliers d'une classe ayent le mesme devoir à cause du trop grand embarras, & de l'impossibilité mesme qu'il y auroit à donner à tous les Escoliers d'une nombreuse classe un devoir different, c'est-à-dire, des leçons & des themes differents à chacun selon son esprit & selon le profit qu'il pourroit faire : ainsi l'on a estabbli sagement un Professeur en chaque classe, pour donner un mesme devoir à plusieurs enfants pendant une année, afin que pendant ce temps-là les enfants d'un esprit mediocre, qui sont en bien plus grand nombre que les enfants d'un excellent esprit, peussent se rendre capables de monter à une classe plus haute aussi-bien que les meilleurs esprits, qui n'auroient pas besoin d'un temps si long, si les Maistres en vouloient prendre un soin particulier. Mais dans les Petites Escoles il n'en va pas de la sorte, & le mesme embarras n'est nullement à craindre, bien-loin d'y avoir de l'impossibilité, puisque leur devoir ne consiste pas en diverses choses comme dans les Colleges, mais en une ſeule leçon que le Maiſtre donnera à chaque enfant ſans nul embarras & ſans nulle peine, auſſitoſt que ſa leçon ſera dite; ce qui fera que chacun avancera ſelon ſon eſprit; d'autant plus que celuy qui voit le profit qu'il fait par deſſus ſes compagnons, eſt par là excité à mieux eſtudier.

Le 2. inconvenient eſt, que comme l'on ne fait jamais redire l'apréſdiſnée la leçon du matin, ni le matin celle de l'apréſdiſnée, l'on ſuppoſe que tous les enfants apprennent egalement bien cette leçon dans un ſeul matin ou dans une ſeule apréſdiſnée, ce qui n'eſt pas; car il y en a qui ont beſoin de plus de temps que les autres, pour apprendre une leçon, & à qui par conſequent il ne faut pas faire changer de leçon du matin à l'apréſdiſnée, ny de l'apréſdiſnée au matin, mais leur faire dire la meſme le matin & l'apréſdiſnée, & meſme pluſieurs jours de ſuite, s'il eſt beſoin, afin qu'en l'apprenant bien ils ayent enſuite plus de facilité à en apprendre une nouvelle. Ce que je viens de dire eſt ſi vray & ſi inconteſtable, qu'il n'eſt point d'art, ny de ſcience, où tous les Apprentis & tous les Eſcoliers apprennent touſjours toutes leurs leçons dés la premiere fois qu'on les leur donne ; ny où les Maistres leur donnent une leçon nouvelle, qu'ils ne sçachent bien la precedente ; autrement on leur feroit perdre le temps, puisque n'ayant peu apprendre la leçon precedente, ils ne pourroient pas aussi apprendre la nouvelle, que l'on doit supposer pour le moins aussi difficile.

Il me semble donc qu'il seroit mieux de faire dire à chacun une leçon particuliere dans son livre, afin qu'on pust luy faire changer de leçon, ou redire la mesme plusieurs fois, selon qu'il l'apprendroit ; mais il faut luy faire dire sa leçon tout haut, non seulement par ce que les choses qui se disent tout haut frappent bien plus l'imagination, & se gravent bien mieux dans la memoire que les choses qui se disent tout bas ; mais encore parce que les fautes que le Maistre corrige à celuy qui lit, instruisent les autres qui entendent cette correction.

Le 12. defaut est, que quelques Maistres font apprendre à lire le François avant le Latin, fondez 1. sur ce principe, Qu'il est plus aisé à un enfant François de cinq à six ans, d'apprendre sa langue naturelle, qui est le François, que d'apprendre une Langue estrangere, telle qu'est le Latin ; & 2. sur l'experience qu'ils ont, que les enfants ont plustost appris à lire le François que le Latin. Ces Messieurs agreeront bien que je responde icy à ces deux raisons qu'ils m'ont apportées à moy-mesme.

Je dis donc à la premiere, que leur principe estant expliqué, n'a pas mesme la moindre ombre de difficulté. Il est bien vray qu'il est plus aisé à un enfant François de cinq à six ans d'apprendre à parler sa Langue naturelle qu'une Langue estrangere, parce que sa mere, sa nourrice, ses compagnons luy ont desja appris à parler François, & que personne ne luy a encore appris à parler Latin : mais il n'est pas vray qu'il soit plus aisé à ce mesme enfant d'apprendre à lire le François que le Latin. Au contraire, je dis qu'il luy est bien plus aisé d'apprendre à lire le Latin que le François ; & je le monstre par cette raison evidente.

Pour apprendre à lire, il faut apprendre, 1. A connoistre les lettres & à les bien prononcer. 2. A epeler, 3. A assembler. 4. A prononcer les mots. 5. A s'arrester à la ponctuation & au sens. Pour le premier article je dis qu'il est egalement aisé à cet enfant d'apprendre à connoistre les lettres du François & du

Latin, parce qu'il n'a encore rien appris ny de l'un ny de l'autre, & que ce sont toutes les mesmes lettres sans nulle difference ny de figure, ny de prononciation. Pour ce qui est du 3e. 4e. & 5e. article j'en dis le mesme, parce que dés qu'un enfant sçaura bien epeler le François ou le Latin, il apprendra dés lors egalement bien à assembler & à prononcer les mots Latins & François, & à s'arrester à la ponctuation, n'y ayant en ces trois choses nulle difficulté qui ne soit entiérement commune, pour apprendre à lire l'une & l'autre de ces deux Langues. Il ne reste que le 2e. article à examiner, parce que c'est là la plus grande difficulté qu'il y ait pour apprendre à lire le Latin & le François. Je dis donc qu'il est incomparablement plus facile à un enfant d'apprendre à epeler le Latin que le François, parce que pour epeler une syllabe Latine, il n'a qu'à nommer les lettres de cette syllabe & à les unir ensemble comme elles sont escrites, sans y faire nul changement. Difficulté d'autant plus petite, qu'elle est l'unique qu'il ait à la fois à surmonter; au lieu que pour epeler le François, il doit non seulement nommer les lettres des syllables comme au Latin, mais encore unir ces lettres d'une maniere le plus ſouvent toute contraire à ce qu'il voit eſcrit : de ſorte qu'il luy faut faire des changements meſme pour l'ordinaire tres-difficiles pour epeler la plus grande partie des ſyllabes Françoiſes ; ce qui donne beaucoup de peine à un enfant, à cauſe des reflexions qu'il luy faut faire pour cela, & deſquelles il n'eſt pas encore capable, ſur tout dans le temps qu'il epele, où il n'eſt desja que trop embarraſſé à epeler, ſans y adjouſter cette 2e. & nouvelle difficulté, qui eſt d'apprendre & de retenir une prononciation preſque tousjours contraire à tout ce qu'il voit eſcrit. Il eſt donc plus aiſé d'epeler le Latin que le François, comme on le voit par cette raiſon tres-claire & tres-evidente, & par conſequent il faut commencer par apprendre à lire le Latin avant le François, eſtant inconteſtable qu'il faut tousjours commencer par le plus aiſé.

Je dis à la 2e. raiſon, que tout ce que je viens de dire, & qui eſt demonſtratif, fait voir que nulle experience ne peut monſtrer qu'un enfant ait pluſtoſt appris à lire le François que le Latin, ſi l'on ne ſuppoſe que la Methode d'enſeigner à lire le François eſt meilleure que celle d'enſeigner à lire le Latin ; car ſi les de x

Methodes

Methodes ſont egalement bonnes & bien ſuivies, il eſt ſeur que l'on doit pluſtoſt avoir appris à lire le Latin que le François.

Le 13. defaut eſt, que l'on ne donne pas de l'emulation aux enfants, comme l'on fait aux Colleges, où la diverſité des Claſſes, les unes plus hautes que les les autres, excite les enfants à bien eſtudier pour y monter. Que ſi dans quelques Eſcoles de Charité l'on a desja eſtabli des Claſſes differentes, il me ſemble qu'ils en ont trop peu mis de trois, & que leur eſpece de College eſt auſſi imparfaite que les Colleges à trois Claſſes, où l'on enſeigne le Latin, y ayant trop de choſes differentes dans la maniere d'apprendre à lire, pour les reduire à trois Claſſes, comme on le verra dans la ſuite.

J'adjouſte enfin que l'on ne voit peut-eſtre jamais ſortir des Eſcoles aucun enfant, pour long-temps qu'il y ait demeuré, qui ſçache lire parfaitement bien le Latin & le François ſans defaut, & avec toutes les perfections de la lecture ; ce qui eſt une marque infaillible que les Methodes ſont defectueuſes.

Voilà les defauts principaux des Methodes ordinaires, que l'on tient pour apprendre à lire le Latin & le François, auxquels je tasche de remedier par cette Methode nouvelle, que j'ay entreprise, & dont voicy le plan & toute l'œconomie.

1. Je commence par diviser ma Methode en deux Parties. La 1e. ce seront des Regles pour Messieurs les Maistres, afin de conduire les enfants comme pas à pas, depuis l'a, b, c, jusqu'à ce qu'ils sçachent parfaitement bien lire non seulement le Latin, mais encore le François selon la prononciation establie & authorisée par l'usage. La 2e. ce seront des leçons pour les enfants, distribuées en sept Classes, avec un tel ordre, que les leçons de la Classe plus basse seront tousjours plus faciles que celles de la Classe plus haute; & que mesme les leçons de chaque Classe ayant plusieurs Parties, la 1e. sera plus aisée que la 2e. & ainsi des autres; en sorte que chaque leçon depuis l'a, b, c, facilitera aux enfants la leçon suivante, jusqu'à ce qu'ils soient parfaits dans la lecture du Latin & du François.

La raison de ces sept Classes est, qu'il me semble qu'à proportion il y a autant de choses differentes à apprendre dans les Escoles pour se rendre parfait dans la lecture, qu'il y en a à apprendre dans les Colleges pour se rendre parfait dans le Latin. Mais ces ſept Claſſes, on ne les eſtablit pas afin d'y arreſter les enfants durant ſept ans pour la lecture, comme l'on fait dans les Colleges pour le Latin : au contraire ce grand nombre de Claſſes n'eſt que pour faciliter aux enfants le moyen d'apprendre à lire plus parfaitement, & en moins de temps qu'à l'ordinaire ; & cela pour deux raiſons.

La 1e. raiſon de cette facilité ſe prend de l'ordre que je garde dans la diſtribution des leçons pour chaque Claſſe ; car non ſeulement les leçons de la Claſſe inferieure ſont plus faciles que celles de la Claſſe ſuperieure, mais encore les leçons de chaque Claſſe ſont plus difficiles à meſure que l'on avance ; & meſme il y a tant d'ordre & de ſuite dans toutes les leçons de chaque Claſſe en particulier & de toutes les Claſſes en general, que l'on n'en ſçauroit ny adjouſter, ny retrancher, ny meſme tranſpoſer aucune ; ſi grand eſt le ſoin que l'on a pris, de ne rien mettre d'inutile, & de ne rien obmettre de neceſſaire : en ſorte qu'un enfant ira touſjours tellement pas à pas ſelon ſa portée, que chaque leçon luy ouvrira l'eſprit pour la ſuivante, à cauſe du rapport & de la liaiſon qu'il y a de l'une à l'autre ſans interruption depuis la 1e. leçon qu'on donnera à un enfant jusqu'à la derniere, c'est-à-dire, depuis qu'il commence l'a, b, c, jusqu'à ce qu'il sçache parfaitement bien lire.

Cet ordre fera qu'un enfant qui a beaucoup d'esprit, pourra dire de grandes leçons, en changer souvent, achever bientost un livre & monter ensuite à une Classe plus haute; & de mesme en fera-t-il de tous les livres & de toutes les Classes, profitant plus en un mois, qu'il ne feroit en six, sans cet ordre. Ainsi cette Methode qui paroist peut estre un peu longue à ceux qui ne considerent pas les choses de bien prés, & qui manquent d'experience pour ces matieres, s'accommodera à tous les genies à la faveur des Regles que je donne à Messieurs les Maistres sur la maniere de faire dire les leçons: de sorte qu'elle sera tres-courte pour les bons esprits, comme je viens de le dire, & autant longue qu'il faut pour les esprits mediocres & pour les stupides, qui n'ayant pas beaucoup de penetration ont par consequent besoin d'un exercice assez long, pour s'inculquer les choses.

La 2e. raison de cette facilité se prend de l'emulation qu'auront les enfants pour bien estudier, afin de pouvoir monter à une Classe plus haute ensuite d'un Examen public & rigoureux, que l'on fera de leur capacité touchant le livre de leur Classe : & cette emulation sera d'autant plus grande, que les enfants & leurs parents verront clairement un fort grand profit en tres-peu de temps. Ainsi les enfants auront plus d'ardeur pour l'estude & leurs parents plus de moyens pour les y exciter.

2. Voicy l'ordre des choses, que l'on apprend en chaque Classe pour la lecture du Latin & du François.

Dans la 7e. Classe, qui est la plus basse, les enfants apprendront à connoistre parfaitement toute sorte de lettres & à les bien prononcer. Ainsi le livre de cette Classe n'aura que les lettres des 4. Alphabets, de l'Alphabet des lettres minuscules Romaines, de l'Alphabet des majuscules Romaines, de l'Alphabet des minuscules Italiques, & de l'Alphabet des majuscules Italiques. Et dans chaque Alphabet les lettres seront rangées de ces sept manieres differentes, 1. Par l'Alphabet ordinaire, qui est a, b, c, & les autres lettres. 2. Par le mesme Alphabet mis à rebours. 3. Par voyelles & par consonnes mises separément comme en deux Alphabets. 4. Par les mesmes voyelles

& consonnes mises separément à rebours. 5. Par diphtongues & par lettres unies ensemble. 6. Par les mesmes diphtongues & lettres unies ensemble mises à rebours. 7. Par une confusion assez ample des lettres de l'Alphabet, soit voyelles, consonnes, diphtongues, ou lettres unies ensemble; & tout cela afin que les enfants aillent tousjours du plus facile au plus difficile; ces divers arrangements de lettres donnant une nouvelle peine aux enfants, parce que le 2. arrangement rompt la chaisne qu'ils se sont faite de ces lettres dans leur esprit par le premier arrangement; & que de mesme le 3e. arrangement rompt la chaisne du second & ainsi des autres; ce qui est le moyen seur, par lequel les enfans apprendront, à connoistre parfaitement les lettres non par routine, mais par jugement, en quelque arrangement, qu'elles puissent estre.

Dans la 6e. Classe les enfans apprendront, à bien epeler & à bien prononcer toute sorte de syllabes : c'est pourquoy il y aura dans ce Livre quantité de syllabes d'une de 2. 3. 4. 5. 6. lettres par ordre alphabetique, lesquelles par consequent seront plus aisées, à epeler, que si elles n'avoient pas cet ordre. J'ay mis les syllabes de 2. lettres en 7. divers arrangements à peu prés, comme j'ay fait les lettres de l'alphabeth dans la 7e. Classe, afin que les enfans apprennent, à les epeler par jugement & non pas par routine ; estant tres important de sçavoir ; epeler parfaitement bien ces syllabes de 2. lettres, parce qu'elles sont le fondement, pour apprendre, à epeler toute sorte d'autres syllabes de plus de 2. lettres ; non seulement en ce qu'elles sont plus faciles, à epeler que toutes ces autres syllabes, & qu'ainsi elles ouvriront l'esprit, pour les epeler, mais encore parce qu'une partie de ces syllabes, sçavoir celles des 4. premiers arrangements commençant par une consonne & finissant par une voyelle, ce qui en fait la prononciation aisée ; & l'autre partie de ces syllabes, sçavoir celles des 3. derniers arrangemens commençant par une voyelle & finissant par une consonne, ce qui en fait la prononciation difficile, l'on aura de la sorte les deux prononciations differentes & absolument necessaires, pour epeler toute sorte de syllabes de plus de deux lettres, dont la prononciation est comme une suite de ces deux sortes de prononciations des syllabes de deux lettres. Mais quoy que celuy qui ſçait, epeler les ſyllabes de 2. lettres, ait un grand avantage, pour epeler toutes les autres ſyllabes de plus de 2. lettres, ce n'eſt pas à dire neantmoins qu'il les ſçache epeler, avant que de l'avoir appris, parce qu'à meſure que les ſyllabes ont plus de lettres, elles en ſont auſſi plus difficiles à epeler; & ainſi il eſt abſolument neceſſaire d'apprendre aux enfants à epeler toute ſorte d'autres ſyllabes de plus de 2. lettres, avant que de les faire aſſembler; afin qu'avec la difficulté d'aſſembler, ils n'en ayent pas une autre tout enſemble, qui eſt celle d'epeler; ce qui les embarraſſeroit trop & ſeroit cauſe qu'ils ne ſçauroient jamais ny epeler, ny aſſembler : au lieu qu'ayant appris à bien epeler toute ſorte de ſyllabes de pluſieurs lettres; rien ne les empeſchera d'apprendre à bien aſſembler.

Dans la 5e. Claſſe ils apprendront à aſſembler tout haut les ſyllabes des mots de deux ſyllabes, & à prononcer enſuite tout haut ces meſmes mots, mais un ſeul à la fois, aprés en avoir aſſemblé les ſyllabes tout bas, s'ils en ont beſoin: ainſi le livre de cette Claſſe ne contiendra que des mots de deux ſyllabes auſſi par ordre Alphabetique, pour donner plus de facilité aux enfants. J'ay diſtingué les ſyllabes des mots par un petit eſpace vuide que j'ai laiſſé entre elles ; & j'ai diſtingué les mots par un petit point entre eux, parce que cela eſt moins embarraſſant pour les enfants que des tirets ou diviſions entre les ſyllabes & des lignes tirées eutre les mots.

Dans la 4e. Claſſe ils apprendront à aſſembler tout haut les ſyllabes des mots de 3. 4. 5. 6 7. 8. 9. 10. ſyllabes, & à prononcer enſuite tout haut ces meſmes mots, un ſeul à la fois, aprés en avoir aſſemblé tout bas les ſyllabes, s'ils en ont beſoin. Ainſi le livre de cette Claſſe ſera tout de mots de 3. 4. 5. 6. 7. 8. 9. 10. ſyllables ſans aucun ordre Alphabetique : les enfants n'ayant plus beſoin icy de tant de facilité pour epeler & pour aſſembler, à cauſe de l'habitude qu'ils en auront desja acquiſe dans les Claſſes precedentes.

Dans la 3e. Claſſe, ils apprendront à prononcer tout haut pour le Latin. 1. Deux mots à la fois. 2. Trois mots à la fois, aprés avoir aſſemblé tout bas les ſyllabes de ces deux & de ces trois mots, s'ils en ont beſoin. Et à meſme temps pour le François ils apprendront à prononcer tout haut des mots François d'une ſyllabe, ſelon les regles de la prononciation Françoiſe. 1. Un ſeul mot à la fois. 2. Deux mots à la fois aprés avoir epelé auparavant tout bas ces moss, s'ils en ont besoin.

Dans la 2e. Classe ils apprendront à prononcer tout haut pour le Latin 4. mots à la fois, sans en assembler tout bas les syllabes, puis 5. mots à la fois : & à mesme temps pour le François ils apprendront à prononcer tout haut deux mots à la fois dans un discours composé de mots de plusieurs syllabes, puis trois, puis quatre & cinq mots à la fois.

Dans la 1e. Classe ils apprendront pour le Latin à s'arrester à la ponctuation & à prononcer les mots Latins selon la quantité, autant que leur esprit le permettra : & à mesme temps pour le François ils apprendront aussi à s'arrester à la ponctuation, & aprés de certains mots selon le sens dans les phrases un peu longues, où il n'y auroit point de ponctuation. Je mettray dans cette Classe une regle pour apprendre aux enfants à lire la lettre gothique, & une autre pour leur apprendre à lire la lettre de main : & afin que les chiffres ne les arrestent pas en lisant les livres, j'y mettray aussi le chiffre arithmetique & les lettres numerales avec le chiffre Romain.

Que si l'on me demande pourquoy je fais commencer dans la 3e. Classe seulement à lire le François, je responds que pour ne donner jamais à un enfant deux difficultez à la fois, j'ay attendu qu'il sçeust bien epeler le Latin, le bien assembler, & bien prononcer un mot Latin, ce qu'il a appris dans la 6e. 5e. & 4e. Classe, afin de luy donner ensuite dans la 3e. un mot François d'une syllabe à prononcer; ce qu'il fera sans nulle peine, parce que rien ne le pourra arrester que la prononciation bizarre du François, laquelle difficulté estant unique, il la vaincra facilement à l'aide des Regles que je donne pour cela dans cette 3e. Classe, & desquelles il sera alors capable, parce qu'il aura le jugement plus formé pour faire les reflexions que demande la lecture du François.

3. Comme cette Methode est nouvelle, & tout-à-fait differente de toutes les autres qui peuvent avoir paru jusqu'icy, j'ay fait des Regles, à la faveur desquelles Messieurs les Maistres pourront la mettre en pratique avec tout le succez qu'ils sçauroient desirer pour la lecture du Latin & du François. Chaque Classe aura ses Regles particulieres plus ou moins, selon les choses que l'on y doit

apprendre; & toutes ces Regles se mettront ensemble dans le mesme volume avec les leçons des enfants pour les sept Classes en faveur de Messieurs les Maistres & de Messieurs les parents des enfants; mais l'on mettra à part les leçons des enfants en 4. petits Livres. Dans le 1. il n'y aura que les leçons de la 7e. Classe, qui sont les lettres des 4. Alphabets en divers arrangements comme j'ay dit, parce que les enfants gastent ordinairement beaucoup & bien viste ce premier Livre, de sorte que s'ils avoient ensemble dans un seul Livre les leçons de la 7e. & 6e. Classe, ils auroient plustost gasté les leçons de la 6e. qu'ils ne seroient en estat de s'en servir. Dans le 2e. Livre il y aura des syllabes seulement, qui sont les leçons de la 6e. Classe encore pour la mesme raison. Dans le 3e. Livre il y aura les leçons de la 5e. & 4e. Classe, qui consistent en des mots petits & grands, qu'il faut assembler. Et dans le 4e. Livre il y aura les leçons de la 3e. 2e. & 1e. Classe pour le Latin & le François. Et la raison pourquoy on les met ensemble, c'est que les enfants ont desja appris à tenir & à conserver leurs Livres; & ainsi on leur pourra donner un Livre un peu plus gros. Ce n'est pas aprés tout qu'il ne fust mieux d'y avoir autant de Livrets, qu'il y a de Classes, afin d'exciter par là les enfants à mieux estudier pour monter à une Classe plus haute que celle où ils sont. Mais Messieurs les Maistres feront en cela ce qu'il leur plaira. 4. Je puis adjouster pour conclusion, que si Messieurs les Maistres prennent autant de soin de bien garder toutes les Regles dont je viens de parler, qu'il y a d'ordre & de facilité dans toute cette Methode, ils auront infailliblement le plaisir de voir en tres-peu de temps leurs Escoliers si parfaits dans la lecture, qu'il n'y aura plus rien à leur apprendre en cette matiere; ce qui est la chose qu'ils doivent souhaiter avec passion, autant pour leur honneur que pour leur interest.

5. Je ne puis finir cette Preface, sans advertir Messieurs les Maistres en Charge & les Anciens de la Communauté des Maistres d'Escole de Paris, que je me suis acquité de la promesse que je leur avois faite, de ne pas donner cet Ouvrage au Public, que l'ortographe, qui ne leur agreoit pas comme estant trop nouvelle, quoyque tirée exactement des Dictionnaires de M. Richelet & de M. l'Abbé Furetiere, n'eust esté corrigée entiere-

ment sur le Dictionnaire de l'Académie Françoise, qui alloit bientost voir le jour. C'est ce que j'ay fait avec tant d'exactitude, que l'on ne trouvera peut-estre pas en tout ce Livre un seul mot, dont l'ortographe ne soit conforme à celle de ce fameux Dictionnaire, qui me semble avoir bien payé la longue attente du Public par le soin extraordinaire que Messieurs de l'Académie Françoise ont pris, de determiner le vray sens de chaque terme, & d'en marquer l'usage, soit dans le propre, soit dans le figuré; de l'enrichir de phrases si choisies, qu'elles peuvent servir d'idée & de regle pour celles qui n'y sont pas; & enfin d'y observer une ortographe, qui tenant un juste milieu entre l'ancienne & la moderne, conserve toutes les lettres qui peuvent estre necessaires pour la parfaite intelligence des mots. Tout homme de bon sens jugera sans doute cette ortographe meilleure, que celle qui sans autre fondement que la fantaisie de chaque particulier retranche des lettres, lesquelles marquant l'origine des mots, leur sont par consequent essentielles pour en faire bien entendre la veritable signification. Pour cette grande raison que l'on apporte ordinairement contre cette ortographe, sçavoir la peine qu'ont les Estrangers à apprendre le François dans les livres, j'y respons, en disant qu'à ce compte-là il faudroit aussi reformer l'ortographe de la Langue Allemande & de presque toutes les autres Langues, dont l'orthographe est autant & peut-estre mesme plus embarrassée de consonnes que l'ortographe de la Langue Françoise; & cependant les Allemands ny les autres Nations n'ont jamais songé à reformer leur orthographe, pour rendre leur Langue facile à apprendre aux Estrangers. Mais chaque Nation croit avec beaucoup de sens & de raison, que ce n'est pas au genie & à l'usage de chaque Langue à s'accommoder aux gens; mais aux gens à s'accommoder au genie & à l'usage de chaque Langue. Ainsi il n'y aura à mon advis personne doresnavant, qui ne fasse gloire de suivre en cela les traces d'une Compagnie si auguste, qui n'estant establie uniquement que pour procurer & conserver la perfection de la Langue Françoise, s'y occupe avec une application digne des gens d'honneur, de capacité & d'experience, qui la composent; & avec un succez qui fera voir à toute la posterité, qu'en travaillant à leur Dictionnaire, ils ont selon leur Devise, travaillé veritablement à l'immortalité.

Extrait du Privilege du Roy.

PAR Lettres Patentes données à Fontainebleau le 13e. jour de Septembre 1694. signées par le Roy en son Conseil, CARPOT, & scellées du grand Sceau de cire jaune, Sa Majesté a permis au sieur SCIPION ROUX, Prestre, Docteur és Droits, & Maistre d'Escole à Paris, d'imprimer, faire imprimer, vendre & debiter, *une Methode nouvelle, pour apprendre à lire parfaitement bien le Latin & le François en beaucoup moins de temps qu'à l'ordinaire*, en telles marges, formes, grandeurs, caracteres, & autant de fois que bon luy semblera, pendant le temps de huit années entieres & consecutives, à commencer du jour qu'elle sera achevée d'imprimer la premiere fois : fait défenses à tous Imprimeurs & Libraires, & autres personnes de quelque qualité & condition qu'elles soient, de les imprimer, faire imprimer, vendre, ny debiter durant ledit temps en aucun lieu de l'obeïssance de sa Majesté, sans le consentement de l'Exposant, ou de ceux qui auront droit de luy, sous quelque pretexte que ce soit, à peine de quinze cens livres d'amende contre chacun des contrevenants, de confiscation des Exemplaires contrefaits, & de tous despens, dommages & interests, comme il est porté plus au long par lesdites Lettres.

Registré sur le Livre de la Communauté des Marchands Libraires & Imprimeurs de Paris le 8. Octobre 1694.

Signé, P. AUBOUIN, *Syndic.*

METHODE NOUVELLE,

POUR APPRENDRE

AUX ENFANTS A LIRE PARFAITEMENT bien le Latin & le François.

PREMIERE PARTIE.

OU SONT LES REGLES POUR MESSIEURS LES MAISTRES,

afin de conduire les enfants comme pas à pas dans les sept Classes de la lecture, depuis l'a, b, c, jusqu'à ce qu'ils sçachent parfaitement bien lire non seulement le Latin, mais encore le François selon la prononciation establie & authorisée par l'usage.

Regles de la septiesme Classe.

JE crois qu'avant toutes choses il est bon de mettre icy les definitions suivantes avec quelques remarques.

Lettre c'est une figure ou un caractere, dont la prononciation exprime un ſon de la voix.

Il y a 23. lettres à l'Alphabet-Latin, & autant au François, ſçavoir a b c d e f g h i j k l m n o p q r ſ s t u v x y z.

Alphabet c'eſt un Recueil de toutes les lettres d'une Langue rangées ſelon l'ordre eſtabli dans cette Langue. Ainſi ces 23. lettres a, b, c, &.les autres dans l'ordre que je les ay miſes, ſont l'Alphabet de la Langue Latine & de la Françoiſe.

Il y a dans l'Alphabet deux ſ s de differente figure; mais non pas de differente prononciation, & ainſi ce n'eſt que la meſme lettre.

Il y a auſſi deux i j & deux u v, mais ils ſont d'une figure & d'une prononciation differentes. Le premier i eſt voyelle, & ſe prononce ſeul ſans l'aide d'une autre voyelle. Le ſecond j à queuë eſt conſonne & ne ſe prononce qu'à l'aide d'une voyelle, comme ja, je, ji, jo, ju. Le premier u eſt voyelle & ſe prononce ſeul ſans l'aide d'une autre voyelle. Le ſecond v fourchu eſt conſonne & ne ſe prononce qu'à l'aide d'une voyelle, comme va, ve, vi, vo, vu; & ainſi l'j & l'v conſonnes ſont deux veritables lettres differentes de toutes les autres à cauſe du son different qu'elles font, mais on ne dit pas pour cela qu'il y ait 25. lettres à l'Alphabet, parce que l'j à queuë & l'v fourchu ont le mesme nom que l'i, & l'u voyelles; estant des i, & des u, les uns & les autres.

Quand les enfants seront arrivez au 3e. arrangement des lettres de l'Alphabet par voyelles & par consonnes, apprenez leur que cet i, est un i voyelle, & que cet autre j à queuë est un j consonne: & de mesme que cet u, est un u voyelle, & que cet autre v fourchu est un v consonne. Ils retiendront cela aisément, si vous leur faites dire j consonne & v consonne; i voyelle & u voyelle, lorsqu'ils nomment les consonnes & les voyelles dans ce 3e. arrangement.

Pour cette figure &, dont on se sert pour marquer cette syllabe et, ce n'est pas une lettre differente de l'e, & du t, joints ensemble; c'est pourquoy je l'ay mise parmy les lettres unies ensemble, & on l'appelle communément dans les Escoles & tranché.

Voyelle c'est une lettre qui a un son par elle-mesme sans le secours d'une autre, comme a, e, i, o, u: pour l'y ce n'est pas une lettre differente de l'i voyelle, mais avec l'y Grec il y aura 6. voyelles.

Consonne c'est une lettre qui n'a de son qu'estant jointe à une voyelle, & il y en a 17. sçavoir b c d f g h k l m n p q r s s t x z.

Syllabe c'est un son articulé formé d'une ou de plusieurs lettres; comme à, preposition est une syllabe d'une lettre, ab en est une de deux, & ars, de trois; quoy que proprement & selon le mot il faudroit plusieurs lettres pour faire une syllabe.

Diphtongue c'est la jonction de deux voyelles, qui ne font qu'un mesme son. Il y en a 4. au Latin æ, au, eu, œ, & 8. au François æ, ai, au, ei, eu, œ, oi, ou.

Mot c'est une ou plusieurs syllabes jointes ensemble, qui signifient quelque chose.

Epeler, c'est nommer les lettres d'une syllabe & les prononcer ensuite jointes ensemble.

Assembler c'est joindre successivement des syllabes les unes aux autres en les epelant.

Lire c'est prononcer un ou plusieurs mots de la maniere qu'on les voit escrits.

La fin du Maistre dans cette 7e. Classe, c'est d'apprendre aux enfants, 1. A connoistre & à prononcer parfaitement bien toutes les lettres du premier Alphabet, qui est des lettres minuscules Romaines. 2. A connoistre & à prononcer parfaitement bien toutes les lettres du 2. Alphabet, qui est des lettres majuscules Romaines. 3. A connoistre & à prononcer parfaitement bien toutes les lettres du 3. Alphabet, qui est des lettres minuscules Italiques. 4. A connoistre & à prononcer parfaitement bien toutes les lettres du 4. Alphabet, qui est des lettres majuscules Italiques.

I. REGLE. Ayez soin qu'un enfant lise le corps & la teste droits, & nullement penchez d'aucun costé, sans s'appuyer en nulle maniere. Faites luy ouvrir la bouche assez, pour bien prononcer distinctement les lettres & les syllabes d'une voix haute, ferme & uniforme, c'est-à-dire, d'un mesme ton de voix; & enfin faites luy tenir son livre, 1. ouvert du costé du jour, la couverture avec les feuillets desja leus estant repliez proprement de haut en bas à la couture du livre; en sorte que les deux parties posées sur la main gauche estenduë la touchent egalement, & y demeurent ouverts, sans se fermer d'eux-mesmes. 2. Entre le pouce & le second doigt tout contre la jointure du fond. 3. Le pouce estendu & appuyé sur le livre seulement pour le tenir, qu'il ne tombe. 4. Les 2. coudes pendant naturellement en bas & collez aux costez. 5. Les 2. mains posées devant l'estomac à une hauteur raisonnable & propre à lire commodément. 6. La droite avec la touche sur le livre qui est à la main gauche. Enfin ne souffrez point qu'ils fassent ou laissent des oreilles aux feuillets de leurs livres, ny qu'ils les salissent ou dechirent, ou qu'ils en effacent les lettres & les mots avec les doigts.

II. Regle. Faites remarquer à l'enfant, à qui vous faites dire la leçon, que cette grande Croix marquée au commencement de l'Alphabet & appellée ordinairement Croix de par Dieu est là, pour le faire souvenir qu'il doit tousjours commencer sa leçon & toutes ses autres actions, par faire le Signe de la Croix, afin de les consacrer à Dieu, Pere, Fils, & Saint Esprit, en les faisant à son Nom, c'est-à-dire, à sa gloire, pour luy plaire & pour faire sa sainte volonté. Aprés quoy faites luy faire le signe de la Croix d'une voix haute, distincte, & uniforme, luy faisant mettre les bouts des doigts joints de la main droite estenduë au front, au ventre, à l'épaule gauche & à l'espaule droite, & non pas à la bouche ny ailleurs; de sorte qu'en mettant la main à ces endroits il dise à mesme temps ou en François, Au nom du Pere, & du Fils, & du Saint Esprit. Ainsi soit-il; ou en Latin, In nomine Patris, & Filii, & Spiritus Sancti, Amen, sans rien adjouster davantage, & ensuite il commencera sa leçon.

III. Regle. Commencez par apprendre aux enfants à connoistre & à prononcer dans une seule leçon les huit premieres lettres de l'Alphabet tout à la fois, plus ou moins selon leur esprit, sans les faire passer aux huit suivantes, qu'ils ne connoissent & ne prononcent parfaitement bien les 8. precedentes.

IV. Regle, Le Maistre fera prononcer luy-mesme aux enfants d'une voix haute, ferme, & uniforme ces 8. lettres plus ou moins deux fois le matin, ou tout de suite, ou en deux temps differents, & de mesme en fera-t-il l'apresdisnée.

V. Regle. Pour faire prononcer ces lettres à un enfant, mettez une touche entre ses doigts de la mesme maniere qu'on tient la plume pour escrire; mais en sorte qu'elle passe les bouts des doigts d'un pouce & demi, de peur que la main de l'enfant eſtant trop prés de la lettre ou du mot qu'il veut lire, ne les couvre & ne l'empeſche de les voir fort clairement : enfin prenant la main de l'enfant & l'advertiſſant de dire comme vous, poſez la touche ſur la Croix de par Dieu, en diſant & l'enfant avec vous, Croix de par Dieu; puis poſez la touche immediatement ſous l'a, ſans le toucher, & dites tout haut & fort diſtinctement, a, l'enfant diſant auſſi a; & continuez ainſi vous & l'enfant à poſer la touche & à prononcer les lettres un peu viſte juſqu'à la fin de la leçon. Il luy faut de la ſorte conduire la main juſqu'à ce qu'il ſçache bien tenir & poſer ſa touche luy ſeul; & il eſt comme neceſſaire qu'il ſe ſerve de touche juſqu'à la fin de la 3e. Claſſe, afin qu'ayant acquis l'habitude de prononcer deux mots à la fois à l'aide de ſa touche ſans ſe confondre & ſans ſe perdre, il puiſſe enſuite prononcer 3. & 4. mots à la fois ſans l'aide de ſa touche.

VI. Regle. Faites prononcer les lettres de l'Alphabet de cette maniere un peu fortement, comme s'il y avoit á, bé, cé, dé, é, effe, gé, ache, í, j', ká, elle, emme, enne, ó, pé, kú, erre, eſſe, té, ú, v', icſe, y Grec, zéde.

Je

Je mets ces accents ſur ces lettres & ſur ces ſyllabes, ſeulement pour monſtrer qu'il les faut prononcer fortement en peſant deſſus comme ſi elles eſtoient accentuées.

Il faut faire ſentir les deux conſonnes des lettres qui ſe prononcent à l'aide de deux ſyllabes, & non pas comme s'il y avoit ſeulement ef, em, en, el, er, eſ, ach, icſ, zed, parce que les enfants ſe gravent bien mieux dans la memoire ces lettres, en les prononçant une fois dans la 1e. ſyllabe & une 2e. fois dans la 2e. ſyllabe; mais bien plus fortement que dans la 1e. puiſqu'il faut encore prononcer l'e final de ces lettres, comme un e fermé, c'eſt-à-dire, comme eu, de la meſme maniere que les mots François d'une ſyllabe en e, comme que, ſe, me, te, le, de, qui ſe prononcent à bouche preſque fermée & preſque comme s'il y avoit queu, ſeu, meu, teu, leu, deu; & ainſi ferez vous prononcer toutes ces lettres preſque, comme s'il y avoit effeu, acheu, elleu, emmeu, enneu, erreu, eſſeu, icſeu, zedeu. Cette prononciation forte fera que les enfants ſe ſouviendront bien mieux de ces lettres, lorſqu'ils les voudront joindre enſemble & les prononcer en une ſyllabe, que s'ils les avoient ſeulement prononcées de la ſorte, ef, el, em, en, er, eſ, zed, ſans une double conſonne & ſans l'e final, ou meſme de cette ſorte, effe, ache, elle, emme, enne, erre, icſe, zede, par des e muets. Enfin ne faites pas prononcer emme, enne par un a, au lieu du premier e, comme je l'ay desja dit.

VII. Regle. Afin de bien apprendre aux enfants à connoiſtre les lettres des 4. Alphabets, faites les paſſer par tous les arrangements, où j'ay mis les lettres de chaque Alphabet, & enſuite par un 8e. arrangement, où j'ay mis en confuſion les lettres des 4. Alphabets; & afin que les enfants n'oublient pas les lettres majuſcules Romaines & les lettres Italiques majuſcules & minuſcules, chaque ligne des leçons de la 6e. 5e. & 4e. commenceront par une lettre majuſcule Romaine ou Italique; & il y aura auſſi d'eſpace en eſpace des leçons entieres en lettres minuſcules Italiques.

Remarquez qu'en apprenant aux enfants à connoiſtre les voyelles, les conſonnes, les diphtongues & les lettres unies enſemble, il les leur faut faire ſi bien remarquer, qu'ils les ſçachent parfaitement diſtinguer les unes des autres & les nommer, en diſant: Voilà une voyelle, voilà une consonne, voilà une diphtongue, voilà deux lettres unies ensemble, voilà une minuscule Romaine, voilà une minuscule Italique, voilà une majuscule Romaine, voilà une majuscule Italique. Ils apprendront cela facilement, si dés qu'ils seront à l'arrangement des voyelles & des consonnes, on leur dit que leur leçon est aux voyelles, puis aux consonnes, puis aux diphtongues, puis aux lettres unies ensemble, puis aux majuscules Romaines, puis aux minuscules Italiques, puis enfin aux majuscules Italiques.

VIII. REGLE. L'on doit donner à chaque enfant une leçon grande ou petite selon son esprit, l'avançant à mesure qu'il peut avancer, c'est-à-dire, à mesure qu'il apprend bien sa leçon courante; ne le faisant jamais passer à une nouvelle leçon, qu'il ne sçache parfaitement & sans faute la precedente. Cela luy ouvrira l'esprit pour les autres leçons suivantes, qui sont plus difficiles, & lesquelles il ne sçauroit apprendre, s'il ne peut pas apprendre la precedente, qui est plus facile. Voilà egalement de la patience pour le Maistre & du profit pour l'enfant.

IX. REGLE. Ne laissez jamais repeter à un enfant une lettre, une syllabe, un mot, s'il les a bien dits, afin qu'il ne prenne pas une habitude tres-meschante, de repeter tout ce qu'il dit, de laquelle il ne pourroit se desfaire qu'avec une peine extreme, lorsqu'il seroit un peu avancé.

X. REGLE. Il est tres-important que le Maistre ait tousjours les yeux sur la leçon de l'enfant qui lit, ou qu'il sçache la leçon par cœur, ou qu'il ait un livre semblable entre les mains, afin qu'il puisse corriger bien à propos, & non pas à faux toutes les fautes de l'enfant & de son livre.

XI. REGLE. Un Maistre ne peut rien faire de plus pernicieux à un enfant, que de le reprendre d'abord de sa faute, en luy suggerant ce qu'il ne sçait pas ; car ainsi l'enfant n'a point de peine, & par consequent point ou tres-peu de profit. Le temps ne sçauroit estre mieux employé, qu'à luy faire trouver sa faute à luy-mesme ; estant tres-seur qu'en surmontant de la sorte les difficultez, il apprendra solidement & avancera beaucoup en fort peu de temps. Pour cela un Maistre ne se doit pas piquer de faire dire de grandes & de nouvelles leçons à un enfant, mais seulement une petite, non pas dans un jour, mais dans plusieurs, si l'enfant a l'esprit dur.

XII. Regle. Si un enfant fait une faute à l'Alphabet en nommant une lettre pour l'autre, faites la luy trouver de cette maniere. Faites luy redire cette lettre deux ou trois fois, & s'il ne la trouve pas, faites-luy chercher ou monstrez-luy ailleurs celle qu'il substituë mal à propos à la place de celle qu'il ne sçait pas; puis vous le ferez encore redire quelquefois. Que s'il ne trouve pas sa lettre, faites-luy dire une, deux, trois, quatre lettres auparavant un peu viste, ou depuis le commencement de l'a, b, c; & s'il ne la trouvoit pas encore, vous la luy ferez dire par quelqu'un de ses Compagnons pas plus avancé que luy; & vous la luy ferez ensuite repeter plusieurs fois. Cette peine que vous luy donnerez, & ces reflexions que vous luy ferez faire, luy ouvriront l'esprit, pour trouver de la mesme maniere les lettres qu'il ne sçaura pas.

XIII. Regle. Dans les commencements ne faites pas changer de leçon à un enfant dés la premiere fois qu'il l'a dite sans faute; mais continuez à la luy faire dire encore deux ou trois fois; & s'il la dit tousjours sans faute, donnez-luy en une nouvelle : excepté qu'on ne vist par experience, que l'enfant ayant une fois dit une leçon ſans faute, il continuë ordinairement à la dire de meſme ſans faute. Cette Regle ſe doit entendre principalement des leçons de la 7e. & 6e. Claſſe.

XIV. REGLE. Lorſqu'un enfant ſçaura bien une partie de ſa Claſſe, car les ſix premieres Claſſes ont pluſieurs Parties. La 7e. a comme 4. Parties qui ſont les 4. Alphabets. La 6e. en a deux, qui ſont, la 1^e. d'epeler tout haut les ſyllabes, & la 2^e. de les prononcer ſans les epeler tout haut. La 5^e. en a deux, la 1^e. d'aſſembler tout haut les mots de 2. ſyllabes, & la 2e. de prononcer ces mots ſans les aſſembler tout haut. La 4e. en a deux, la 1e. d'aſſembler tout haut les mots de 3. 4. 5. 6. 7. 8. 9. 10. ſyllabes, & la 2e. de prononcer ces meſmes mots, ſans les aſſembler tout haut. La 3e. en a deux, la 1e. de prononcer deux mots à la fois, & la 2e. d'en prononcer trois à la fois. Enfin la 2e. Claſſe en a trois, la 1e. de prononcer trois mots à la fois, la 2e. d'en prononcer quatre, & la 3e. d'en prononcer cinq à la fois. Pour lors exercez-le ſur cette Partie quelque temps, pour luy donner loiſir de s'imprimer fortement dans la memoire ce qu'il a appris: & une marque qu'il est capable de passer à une autre Partie de sa Classe est, s'il continuë pendant quelque temps à bien dire les leçons de cette Partie qu'il a apprise.

XV. Regle. Aprés qu'un enfant aura estudié sa leçon tout seul, il seroit tres-bon de l'envoyer à un de ses Compagnons plus avancez, & mesme à plusieurs de suite, qui le feroient estudier auprés d'eux, & luy feroient dire sa leçon plusieurs fois; aprés quoy le Maistre luy feroit encore dire la leçon. Cét exercice serviroit beaucoup à cet enfant, & mesme à ses Compagnons: mais le Maistre doit prendre garde que ceux qui font estudier & reciter ainsi les autres, le fassent bien. Que s'il y a du temps de reste aprés que chacun aura leu, le Maistre peut apprendre aux enfants les responses de la Messe avec leurs Prieres & le Catechisme, ou donner ce soin à quelques-uns des plus avancez.

XVI. Regle. Faites garder un silence exact à tous les enfants durant tout le temps de l'Escole, ne permettant point qu'on parle sans necessité, & ne laissant point impunies les fautes que l'on fera en cette matiere. Mais pour apprendre aux enfants à parler peu & tout bas, un Maiſtre n'a pas de meilleur moyen, que de ne parler pas beaucoup, ny trop haut luy-meſme. Cet exemple ſervira plus que tout le reſte.

XVII. Regle. Comme il ne faut jamais punir les enfants, ſans les bien convaincre auparavant de leur faute, & qu'il ne faut pas les punir d'une maniere qui leur puiſſe porter prejudice; auſſi ne doit-on pas ſe diſpenſer de les punir, & on peut dire ce me ſemble aſſez à propos pour l'eſtude à l'eſgard des enfants, que le chaſtiment donne de l'eſprit. Il ſeroit important de punir tousjours ceux qui s'abſentent, ſi ce n'eſt que leurs parents les vinſent excuſer pour quelque bonne raiſon, ſans quoy il les faut punir de meſme que ſi leurs parents ne les avoient pas excuſez. L'on doit eſtre rigide en ce point, parce que les abſences perdent entierement les enfants, ſur tout quand ils apprennent à connoiſtre les lettres & à epeler: car alors dans ces commencements, où ils n'ont pas encore l'eſprit formé à l'eſtude, ils ont beſoin d'une grande aſſiduité pour graver les choſes qu'ils apprennent bien avant dans leur memoire toute tendre encore; autrement comme les images des choſes qu'ils ont apprises s'y sont imprimées assez facilement, elles s'y effaceront aussi avec la mesme facilité par les impressions nouvelles que feront les objets tout differents, dont ils s'occuperont au lieu d'estudier.

Pour la punition des enfants il ne faut avoir nul esgard aux services que leurs parents ou eux peuvent rendre, ou ont rendus, mais seulement à leur profit; & un Maistre ne sçauroit mieux reconnoistre ces sortes de services, qu'en bien corrigeant un enfant, mais uniquement pour le faire profiter. Que si les parents ou l'enfant se rebutoient mal à propos de ces corrections charitables & paternelles, jusqu'à ne vouloir plus rendre aucun service; le Maistre doit absolument se passer d'eux, plustost que de manquer à son devoir. Mais la punition, on la doit proportionner à la faute; en sorte neantmoins qu'elle soit tousjours plus douce que rigoureuse, afin qu'on n'ait nul sujet de s'en plaindre: & quoy qu'il ne faille pas dans de grandes occasions espargner les verges aux enfants selon le conseil du Saint Esprit, il faut aussi se servir d'autres sortes de punitions pour les petites fautes, comme de faire confusion à un enfant en particulier, puis en public; ou bien de luy imposer d'autres penitences mortifiantes ou penibles, comme l'on jugera à propos selon l'esprit & l'humeur des enfants. Enfin comme ce n'est pas assez de punir les fautes, & qu'il faut encore recompenser la vertu; car ce sont là les deux ressorts pour faire agir tous les hommes; outre les louanges que les Maistres donneront aux enfants en particulier & en public selon leur merite, soit pour l'estude, soit pour la pieté, ils pourront aussi proposer quelques prix & les donner à ceux qui les auront gagnez, sans faire en cela faveur à personne. Tout cela estant fait avec prudence exciteroit bien les enfants à estre sages & à bien estudier.

XVIII. Regle. Lorsqu'un enfant sçaura bien toutes les leçons de sa Classe, faites-le monter à une Classe plus haute, avec honneur. Pour cela invitez ses parents à venir assister à l'examen que vous ferez de sa capacité, le faisant lire tout haut devant eux en pleine Escole à l'ouverture de son livre en plusieurs endroits: & s'il lit bien sans faute ou qu'il se corrige d'abord luy-mesme des fautes qu'il pourra faire, nommez-le avec eloge pour la Classe plus haute, & faites-luy en prendre possession sur le champ, en le faisant asseoir avec les Escoliers qui y sont ; aprés quoy faites-luy acheter à ses parents un Livre nouveau de cette Classe où il monte. Il seroit excellent de distinguer chaque Classe par une chambre differente, comme l'on fait dans les Colleges, parce que cela donneroit plus d'emulation aux enfants : mais comme il est difficile d'avoir sept chambres pour autant de Classes, & mesme d'avoir trois ou quatre chambres en mettant dans chacune deux Classes à la fois, distinguées par bancs mis aux deux costez opposez de la chambre ; si ce n'est que plusieurs Maistres s'accordassent dans les Villes de Province, pour faire cette espece de College de 7. ou de 4. ou de 3. Classes, il suffira d'avoir dans la mesme chambre divers bancs affectez à chaque Classe, où l'on rangera d'abord les enfants par ordre selon leur capacité; aprés quoy on les fera disputer, en leur faisant dire leur leçon contre leurs Compagnons pour la place ou pour un prix. Tout cela seroit bien capable de mettre de l'emulation parmi les enfants, pourveu que le Maistre sceust bien distribuer ses loüanges & ses reprehensions aux victorieux & aux vaincus.

XIX. Regle. Si un enfant a eu de meschants principes, & qu'il ne sçache pas epeler, faites-le commencer par epeler les syllabes de la 6e. Classe, sans vous impatienter durant quelques mois qu'il demeurera à oublier ses meschants principes & à en prendre de bons; car il faut bien du temps pour cela. Que s'il lisoit desja dans un livre & qu'il ne sçeust pas bien epeler, faites-luy epeler, puis assembler les syllabes de son livre jusqu'à ce qu'il epele & assemble parfaitement bien; & s'il n'y sçavoit du tout point epeler, remettez-le à epeler les syllabes de la 6e. Classe, & faites-le ensuite passer par toutes les Classes suivantes; & quand il ne sçaura pas epeler ny assembler les syllabes d'un mot, arrestez-le à ce mot, jusqu'à ce qu'il en sçache bien epeler & assembler les syllabes; & mesme aprés qu'il aura bien dit ce mot plusieurs fois, & que vous luy aurez fait changer de leçon, faites-luy encore redire ce mot difficile avec les leçons suivantes durant quelque temps, jusqu'à ce qu'il l'epele & l'assemble bien sans hesiter. Tout cela luy ouvrira l'esprit pour epeler & assembler les syllabes des autres mots difficiles dans des leçons suivantes.

XX. REGLE. Au commencement ou à la fin de l'Escole dans toutes les 7. Classes on pourra faire dire les Prieres suivantes deux ou trois mots à la fois d'un ton elevé, distinct, ferme & uniforme. Le Maistre, ou quelque Escolier à sa place commencera, & tous les Escoliers diront le mesme à mesme temps d'un ton un peu plus bas, afin que chacun entendant ce que dit le Maistre, ils puissent le dire avec luy.

Priere pour dire à l'Escole le matin.

In nomine Patris, & Filii, & Spiritus Sancti. Amen.

MON Dieu je crois que vous estes icy present Pere, Fils, & Saint Esprit, & je vous adore en vous reconnoissant pour mon souverain Seigneur. Je vous aime de tout mon cœur & vous demande tres-humblement pardon de mes pechez, parce qu'ils vous déplaisent. Je vous remercie de toutes vos graces, & n'espere rien que de vostre bonté infinie. Je vous offre toutes mes actions, & ne pretends faire en toutes choses que vostre sainte volonté.

1. Pater noster qui es in cælis, sanctificétur nomen tuum.

2. Adveniat Regnum tuum.

3. Fiat voluntas tua ſicut in cælo & in terra.

4. Panem noſtrum quotidiánum da nobis hodie.

5. Et dimitte nobis debita noſtra, ſicut & nos dimittimus debitoribus noſtris.

6. Et ne nos indúcas in tentatiónem.

7. Sed libera nos à malo. Amen.

Ave María, gratiâ plena, Dominus tecum.

Benedicta tu in mulieribus, & benedictus fructus ventris tui Jesus.

Sancta María Mater Dei ora pro nobis peccatoribus nunc, & in hora mortis noſtræ. Amen.

1. Credo in Deum Patrem omnipotentem, Creatórem cæli & terræ.

2. Et in Jesum-Christum filium ejus unicum Dominum noſtrum.

3. Qui conceptus eſt de Spiritu Sancto, natus ex María Virgine.

4. Paſſus ſub Pontio Piláto, crucifixus, mortuus & ſepultus.

5. Deſcendit ad inferos, tertia die reſurrexit à mortuis.

6. Aſcendit ad cælos, ſedet ad dexteram Dei Patris omnipotentis.

7. Inde ventúrus est judicáre vivos & mortuos.

8. Credo in Spiritum Sanctum.

9. Sanctam Ecclesiam Catholicam, Sanctórum Communiónem.

10. Remissiónem peccatórum.

11. Carnis Resurrectiónem.

12. Vitam æternam. Amen.

Confiteor Deo omnipotenti, Beátæ Maríæ semper Virgini, Beáto Michaéli Archangelo, Beáto Joanni Baptistæ, Sanctis Apostolis Petro & Paulo & omnibus Sanctis, & tibi Pater quia peccávi nimis cogitatióne, verbo & opere, meâ culpâ, meâ culpâ, meâ maximâ culpâ; ideò precor Beátam Maríam semper Virginem, Beátum Michaélem Archangelum, Beátum Joannem Baptistam, Sanctos Apostolos Petrum & Paulum, omnes Sanctos, & te Pater oráre pro me ad Dominum Deum nostrum.

1. Un seul Dieu tu adoreras & aimeras parfaitement.

2. Dieu en vain tu ne jureras ny autre chose pareillement.

3. Les Dimanches tu garderas en servant Dieu devotement.

4. Pere & mere tu honoreras, afin

que tu vives longuement.

5. Homicide tu ne feras de fait ny volontairement.

6. Luxurieux tu ne seras de corps ny de consentement.

7. Le bien d'autruy tu ne prendras, ny retiendras à ton escient.

8. Faux tesmoignage tu ne rendras ny mentiras aucunement.

9. L'œuvre de chair tu ne desireras qu'en mariage seulement.

10. Les biens d'autruy tu ne souhaiteras, pour les avoir injustement.

1. Les Dimanches la Messe tu ouïras & les Festes de commandement.

2. Tous tes pechez tu confesseras au moins une fois l'an.

3. Et ton Createur tu recevras au moins à Pasques humblement.

4. Les Festes tu sanctifieras, qui te sont de commandement.

5. Quatre-Temps & Vigiles tu jeusneras & le Caresme entierement.

6. Vendredy chair tu ne mangeras ny le Samedy semblablement.

Benedicite Dominus nos & ea quæ sumus sumptúri, benedícat dextera Christi.

Agimus tibi gratias omnipotens Deus pro universis beneficiis tuis, qui vivis & regnas in sæcula sæculorum. Amen.

In nomine Patris, & Filii, & Spiritus Sancti. Amen.

Priere pour dire à l'Escole l'apréſdiſnée.

Au nom du Pere, & du Fils, & du Saint Esprit. Ainsi soit-il.

MON Dieu je crois que vous estes icy present, *& le reste comme le matin, page 61.*

1. Nostre Pere qui estes dans les cieux, que vostre nom soit sanctifié.

2. Que vostre regne arrive.

3. Que vostre volonté soit faite en la terre comme au ciel.

4. Donnez-nous aujourd'huy nostre pain de chaque jour.

5. Et pardonnez-nous nos offenses, comme nous pardonnons à ceux, qui nous ont offensez.

6. Et ne nous laissez pas succomber à la tentation.

7. Mais delivres-nous du mal. Ainsi soit-il.

Je vous saluë Marie pleine de grace,

le Seigneur eſt avec vous.

Vous eſtes benie par deſſus toutes les femme, & JESUS le fruit de vos entrailles eſt beni.

Sainte Marie Mere de Dieu priez pour nous pecheurs, maintenant, & à l'heure de noſtre mort. Ainſi ſoit-il.

1. Je crois en Dieu le Pere tout-puiſſant, Createur du ciel & de la terre.

2. Et en JESUS-CHRIST ſon Fils unique noſtre Seigneur.

3. Qui a eſté conçeu du Saint Eſprit, qui eſt né de la Vierge Marie.

4. Qui a ſouffert ſous Ponce Pilate, qui a eſté crucifié, qui eſt mort, & qui a eſté mis dans le ſepulcre.

5. Qui eſt deſcendu aux enfers, & qui le 3e. jour eſt reſſuſcité des morts.

6. Qui eſt monté aux cieux, qui eſt aſſis à la dextre de Dieu le Pere Tout-puiſſant.

7. Et qui de là viendra juger les vivans & les morts.

8. Je crois au Saint Eſprit.

9. La ſainte Egliſe Catholique, la Communion des Saints.

10. La Remiſſion des pechez.

11. La Reſurrection de la chair.

12. La vie eternelle. Ainſi ſoit-il.

Je confesse à Dieu tout-puissant, à la Bienheureuse Marie tousjours Vierge, à Saint Michel Archange, à Saint Jean-Baptiste, aux Apostres Saint Pierre & Saint Paul, à tous les Saints, & à vous mon Pere, que j'ay peché en pensée, en parole & en action par ma faute, par ma faute, par ma tres-grande faute; c'est pourquoy je prie la Bienheureuse Marie tousjours Vierge, Saint Michel Archange, Saint Jean-Baptiste, les Apostres Saint Pierre & Saint Paul, tous les Saints & vous mon Pere, de prier le Seigneur nostre Dieu pour moy.

1. Un seul Dieu tu adoreras, *& le reste comme le matin, pages 63. & 64.*

Nostre Seigneur JESUS CHRIST nous benisse & tout ce que nous devons manger.

Nous vous remercions de tous vos biens, ô Seigneur, qui vivez & regnez dans les siecles des siecles. Ainsi soit-il.

Au nom du Pere, & du Fils, & du Saint Esprit. Ainsi soit-il.

Prenez garde que pendant la Priere chacun soit à genoux modestement, sans s'appuyer, & ait les mains jointes ou dans son chapeau, devant l'estomac ; & enfin le visage & les yeux tournez vers une Image, ou contre terre.

Regles de la sixiéme Classe.

LA fin du Maistre dans cette Classe est d'apprendre aux enfants, 1. A bien epeler tout haut les syllabes de leur livre. 2. A prononcer tout haut ces mesmes syllabes, aprés qu'ils les auront epelées tout bas, s'ils en ont besoin. Ainsi lorsqu'ils sçauront bien epeler tout haut toutes les syllabes de leur livre, faites-le leur recommencer, leur faisant prononcer tout haut ces mesmes syllabes, aprés qu'ils les auront epelées tout bas, s'ils en ont besoin.

Je mets les syllabes de la 6e. Classe par ordre alphabetique, pour donner aux enfants plus de facilité à epeler, sans qu'il y ait danger qu'ils apprennent cela seulement par routine, à cause de la trop grande quantité des syllabes toutes differentes, qui composent tout ce Livre.

I. REGLE. Au commencement de la 6e. faites nommer aux enfants les lettres des syllabes de leur livre de 6e. en divers endroits durant quelque temps, jusqu'à ce que ce nouvel arrangement de lettres en syllabes ne luy fasse nulle peine.

II. REGLE. Les syllabes d'une voyelle ou terminées par une voyelle se doivent prononcer comme accentuées de la sorte á, é, í, ó, ú; bá; & ainsi des autres, parce qu'on ne les sçauroit prononcer trop fortement, comme je l'ay desja dit. Pour ce qui est des syllabes suivantes, prononcez-les de la maniere que je le vais marquer, ca, ce, ci, co, cu, comme KA, se, si, KO, KU. . ga, ge, gi, go, gu, comme ga, je, ji, go, gu.., ha, he, hi, ho, hu, en aspirant tant soit peu l'h; mais je ne vois pas d'inconvenient d'epeler l'h sans la prononcer ensuite, puisqu'il est difficile de trouver un milieu entre prononcer l'h fortement & ne la point prononcer du tout, outre que l'h ne s'aspirant qu'en tres-peu de mots François, pourquoy l'aspirer dans tous les mots Latins. Pour celles-cy, ja, KA, la, fa, ma, na, pa, sa, ta, va, za, il n'y a point de difficulté à les prononcer...qua, comme KOA, d'une syllabe.. que, qui, d'une syllabe en faisant sentir l'u... quo, quu, comme KO, KU... xa, xe, xi, xo, xu, comme Kesa, Kese, Kesi, Keso, Kesu d'une seule syllabe, ne faisant presque pas sentir l'e de la 1e. syllabe... l'y Grec se prononce par tout comme un i voyelle lorsqu'on l'epele.

III. Regle. Les diphtongues se prononcent de cette sorte æ & œ, comme e, au comme o... eu comme il est escrit, en faisant entendre les deux voyelles, comme elles sont escrites en une seule syllabe.

IV. Regle. Les consonnes suivantes b, d, f, p, t, terminant la syllabe, se doivent prononcer comme s'il y avoit un e muet aprés ces consonnes. Jacob comme Jacobe.. c terminant la syllabe se prononce comme s'il y avoit ke, par un e muet aprés le c, ac comme ake... x comme kese, sans faire presque sentir les deux ee.. pax comme pakese.. l, m, n, r, sans rien adjouster.. um comme s'il y avoit oum, d'une syllabe à bouche presque fermée & non pas comme om, qui se prononce à bouche plus ouverte... un, comme on. unde comme onde, excepté ces cinq mots, hunc, nunc, tunc, avec cuncti & cunctor, & les cas & les temps qui en dependent, où l'on prononce l'u simplement & non pas comme un, o.

V. Regle. Pour faire epeler une syllabe à un enfant, faites-luy nommer par ordre & un peu viste les lettres de la ſyllabe, & enſuite faites-les luy prononcer jointes enſemble dans le meſme ordre : & quand il ne ſçait pas epeler une ſyllabe de 3. 4. 5. 6. lettres, faites-luy epeler un peu viſte les deux premieres lettres de la ſyllabe ; puis les 3. premieres, puis les 4. premieres, puis les 5. premieres, puis toutes ſix enſemble, mais tousjours un peu viſte ; car auſſi-toſt qu'un enfant fait des pauſes entre les lettres, il a enſuite de la peine à les unir, parce qu'il oublie les precedentes.

VI. REGLE. Deux conſonnes de ſuite ne s'epelent pas toutes ſeules, parce que la conſonne n'a point de ſon qu'elle ne ſoit jointe à une voyelle. Ainſi il faut epeler ces deux conſonnes avec la voyelle ſuivante ou avec la precedente.

VII. REGLE. Lorſqu'un enfant ſera arrivé aux ſyllabes de 3. lettres, faites-luy dire chaque leçon de ces deux manieres differentes, 1. Par ordre comme elle eſt eſcrite depuis la premiere ſyllabe juſqu'à la derniere. 2. A rebours, commençant par la derniere ſyllabe de ſa leçon juſqu'à la premiere, afin qu'il n'apprenne rien par routine.

VIII. REGLE. Pendant qu'un enfant epele tout haut, ayez grand ſoin de luy faire prononcer chaque lettre d'une voix haute, distincte, ferme & uniforme, de la mesme maniere qu'on les luy a fait prononcer dans l'Alphabet; ce qui se doit observer fort exactement dans toutes les Classes où l'on epele tout haut, sans leur laisser jamais passer aucune faute pour petite qu'elle soit en cette matiere.

IX. REGLE. La syllabe estant d'une seule lettre, faites prononcer tout haut cette lettre deux fois de suite du mesme ton. Par exemple, a, comme s'il y avoit aa; car on prononce cet a, la premiere fois comme lettre, & la 2ᵉ. fois comme syllabe: autrement on ne sçauroit pas si cet a est seulement une lettre de quelque syllabe, ou si c'est une syllabe. Ne faites pas dire a, de par soy a, parce que cela est tres-inutile. Faites prononcer deux fois toutes les autres voyelles, qui font une syllabe de la mesme maniere que j'ay dit de l'a.

Regles de la cinquiesme Classe.

LA fin du Maistre dans cette Classe est, d'apprendre aux enfants, 1. A assembler tout haut les syllabes des mots de deux

deux syllabes. 2. A prononcer tout haut ces mesmes mots un seul à la fois, aprés qu'ils en auront assemblé les syllabes tout bas, s'ils en ont besoin. Ainsi lorsqu'ils sçauront bien assembler tout haut les syllabes des mots de leur livre, faites-le leur recommencer en leur faisant prononcer tout haut ces mesmes mots, aprés qu'ils en auront assemblé tout bas les syllabes, s'ils en ont besoin.

I. Regle. Pour faire bien assembler les deux syllabes d'un mot, ayez un extreme soin de faire epeler ces deux syllabes d'une voix haute, distincte, ferme, & uniforme ; ne laissant jamais repeter aucune lettre ny aucune syllabe, quand une fois on les aura bien dites ; puis advertissez les enfans de jetter encore les yeux sur la 1e. & la 2e. syllabe, & à mesme temps de les assembler tout haut, comme si elles ne faisoient qu'une seule syllabe ; tant elles se doivent prononcer unies & jointes ensemble, sans nulle pause entre deux, afin que ces deux syllabes ne paroissent pas estre deux mots d'une syllabe chacun.

II. Regle. Si une syllabe n'est que d'une lettre, il faut comme j'ay dit en 6e. la faire prononcer deux fois de suite ; puis la faire unir une seule fois à la syllabe qui luy est jointe, par exemple pour assembler erat, l'on dira ee, puis ayant epelé rat, on dira erat, sans nulle pause entre les deux syllabes; ainsi en assemblant l'on dit trois fois e, qui est la 1e. syllabe de ce mot, erat. La 1e. fois l'on dit e, comme lettre; la 2e. fois l'on dit e, comme syllabe; & la 3e. fois l'on dit e, comme syllabe unie à la syllabe suivante, qui est, rat; de mesme que l'on dit trois fois rat, qui est la 2e. syllabe de ce mot, erat: la 1e. fois l'on dit rat, en nommant ces trois lettres, r, a, t, le 2e. fois l'on dit, rat, en unissant ces trois lettres en une syllabe, & disant, rat; & la 3e. fois l'on dit rat, en assemblant ces deux syllabes en un seul mot, & disant, erat. Par où l'on voit que la voyelle estant syllabe se doit dire trois fois comme les autres syllabes de plusieurs lettres se doivent dire trois fois, lorsqu'on les veut assembler: & de mesme en faut-il faire, si le mot est composé de plusieurs syllabes d'une lettre chacune. La repetition de la voyelle qui fait une syllabe, la gravera dans l'esprit des enfants, & la leur fera assembler & prononcer aussi bien que les autres syllabes de plusieurs lettres, sans qu'ils ayent nul sujet d'oublier de l'assembler, & de la prononcer, comme ils l'oublient souvent, à cause que ne l'ayant dit qu'une fois, ils ne s'en souviennent plus aprés qu'ils ont epelé la 2e. syllabe. C'est donc pour les en faire souvenir qu'on la leur doit faire repeter; car les enfants assemblent bien plus par la memoire que par les yeux. Cette repetition des voyelles paroistra bien encore plus utile pour assembler les grands mots de 3. 4. 5. 6. 7. 8. 9. 10. syllabes, où les enfants mangent beaucoup de syllabes, sur tout de celles qui sont d'une seule lettre. Et l'experience fera encore mieux voir l'utilité de cette Regle.

Regles de la quatriesme Classe.

LA fin du Maistre dans cette Classe est, d'apprendre aux enfants, 1. A assembler tout haut les syllabes des mots de 3. 4. 5. 6. 7. 8. 9. 10. syllabes. 2. A prononcer tout haut ces mesmes mots, aprés en avoir assemblé les syllabes tout bas, s'ils en ont besoin. Ainsi lorsqu'ils sçauront bien assembler tout haut les syllabes des mots de leur livre, faites-le leur recommencer, en leur faisant prononcer tont haut ces mesmes mots, aprés qu'ils en auront assemblé tout bas les syllabes, s'ils en ont besoin. J'ay mis sans ordre les mots de trois & de plus de syllabes, parce que les enfants doivent avoir acquis dans la 5e. Classe l'habitude d'assembler les syllabes des mots, & par consequent ils n'ont plus besoin qu'on leur facilite les choses par aucun ordre alphabetique, comme l'on a fait dans les Classes precedentes.

I. Regle. Pour faire assembler tout haut les syllabes des mots de 3. 4. 5. 6. 7. 8. 9. 10. syllabes, faites epeler tout haut la 1e. & 2e. syllabe du mot, par exemple, contubernalium. Puis advertissant l'enfant de jetter les yeux sur la 1e. & 2e. syllable, qui sont con tu. faites-les luy assembler tout haut en luy faisant dire contu, comme en un mot. Faites-luy épeler ensuite la 3e. syllabe qui est, ber, puis l'advertissant de jetter les yeux sur la 1e. 2e. & 3e. syllabe, qui sont, con tu ber, faites-les luy assembler tout haut en luy faisant dire, contuber, comme en un mot. Aprés quoy faites-luy épeler la 4e. syllabe, qui est, na, puis l'avertissant de jetter les yeux sur la 1e. 2e. 3e. & 4. syllabe, qui sont con tu ber na : faites-les luy assembler tout haut, en luy faisant dire contuberna comme en un mot, & continuez de la sorte à luy faire epeler tout haut chaque syllabe suivante, à luy faire jetter les yeux sur ces syllabes, selon l'ordre qu'il les a epelées, & à les luy faire assembler tout haut.

II. Regle. Prenez garde qu'un enſant ne prononce un mot de plus de 2. ſyllabes avec tant de precipitation, qu'il en mange la moitié, ou qu'il en prononce mal les lettres & les ſyllabes. Si cela arrive, faites-luy repeter le mot, juſqu'à ce qu'il en ait prononcé toutes les ſyllabes d'une voix haute, ferme, diſtincte & uniforme.

III. Regle. Comme il ne faut pas laiſſer prononcer un mot de pluſieurs ſyllabes avec trop de viſteſſe, à cauſe du danger qu'il y a que l'on mange des ſyllabes, ou qu'on les prononce mal; auſſi ne faut-il pas laiſſer prononcer ces grands mots avec trop de lenteur, & comme avec des pauſes entre chaque ſyllabe, parce que chaque ſyllabe ſembleroit eſtre un mot entier d'une ſeule ſyllabe. Il eſt neanmoins à remarquer que plus les mots ſont grands, plus les faut-il prononcer doucement.

IV. Regle. Faites prononcer ti, comme ſſi, par deux ſſ devant les voyelles dans un meſme mot. Par exemple, propitiatio, comme propiſſiaſſio; excepté tres-peu de mots, comme celuy-cy, vitium, genitif pluriel de vitis, vigne; & cet autre, litium, genitif pluriel de lis, procez, dans leſquels le ti ne ſe prononce pas comme ſſi, à cauſe de l'equivoque que feroit le premier avec ce mot vitium, vice; & le second avec ce mot licium, fil de Tisserand.

V. Regle. Faites prononcer longues toutes les penultiémes syllabes, 1. Qui sont marquées d'un accent aigu, comme levábo. 2. Qui finissent par une consonne suivie d'une autre pour la premiere lettre de la derniere syllabe, comme secundum, mitte. 3. Qui ont une de ces diphtongues æ, œ, au, eu, comme exaudi, pertæsus. 4. Qui ont la voyelle finale suivie d'un x pour la premiere lettre de la derniere syllabe, comme prospexit. Pour toutes les autres penultiémes syllabes, qui ne sont pas de l'une de ces quatre sortes mises cy-devant, faites-les prononcer breves, c'est-à-dire, viste, en faisant prononcer longue l'antepenultiéme syllabe, quoy qu'elle ne soit pas marquée d'un accent, ou que mesme elle soit breve de sa nature, comme inimicitia, dont l'antepenultiéme qui est ci, quoy que breve de sa nature, se doit prononcer longue, en faisant traisner aux enfants cette syllabe un peu plus que la penultiéme suivante, qui se doit prononcer assez viste, pour faire remarquer qu'elle est breve.

J'ay mis icy cette Regle pour deux

raiſons. La 1e. parce qu'il ne faut pas laiſſer mal prononcer les mots aux enfants,, de peur que cette meſchante prononciation eſtant la premiere qu'ils apprendroient, ne s'imprimaſt peut-eſtre pour toujours dans leur eſprit. La 2e. parce que les Miniſtres ayant appris cette regle aux enfants, ils n'auront plus la peine de les reprendre à chaque mot qu'ils diroient mal, faute de cette regle.

REGLES DE LA III. CLASSE pour apprendre aux enfants à lire le Latin.

LA fin du Maiſtre dans cette Claſſe pour le Latin eſt, d'apprendre aux enfants, 1. A prononcer tout haut deux mots à la fois, aprés qu'ils en auront aſſemblé tout bas les ſyllabes, s'ils en ont beſoin. 2. A prononcer tout haut trois mots à la fois, de meſme aprés en avoir aſſemblé tout bas les ſyllabes, s'ils en ont beſoin. Leurs leçons ſeront les Pſeaumes des Veſpres du Dimanche & de Complies, qu'ils diront deux mots à la fois; puis les Litanies de la Sainte Vierge & de tous les Saints, qu'ils diront trois mots à la fois; mais de telle sorte que si les enfants ayant achevé les leçons qu'ils doivent dire deux mots à la fois, ils ne les sçavent pas bien, on les leur fera recommencer pour les leur faire bien apprendre, avant que de les faire passer aux leçons qu'ils doivent dire trois mots à la fois, & c'est ce qu'il faut observer dans les deux Classes suivantes.

I. REGLE. Quand un enfant aura assemblé tout bas les syllabes des deux ou des trois mots qu'il doit prononcer, faites-les luy ensuite prononcer tout haut tout à la fois, comme s'ils ne faisoient qu'un seul mot, mais d'une voix ferme & uniforme, & en luy faisant bien distinguer toutes les lettres & toutes les syllabes sans nulle precipitation, & aussi sans nulle pause entre les syllables des mots, ny entre les mots. Par exemple, il doit prononcer ces deux mots, dixit Dominus, comme s'il y avoit dixitdominus tout en un mot; & de mesme ces trois autres, Confitebor tibi Domine, comme s'il y avoit, Confitebortibidomine tout en un mot.

II. REGLE. Ne laissez pas arrester les enfants à la ponctuation, s'il n'y a pas jusques-là autant de mots qu'ils en doivent prononcer à la fois; car il n'est pas question de ponctuation en cette Classe ny en la Classe suivante, mais seulement d'apprendre aux enfants à prononcer deux & trois mots à la fois, sans s'arrester, comme s'ils ne faisoient qu'un seul mot, afin que sçachant prononcer sans peine deux & trois mots à la fois, ils en puissent ensuite prononcer quatre & cinq à la fois dans la 2e. Classe, puis encore plus dans la 1e. pour aller jusqu'à la ponctuation.

III. REGLE. Le t des & Latins, se prononce tousjours soit devant une consonne comme & multum, & non pas e multum; soit devant une voyelle à laquelle ce t s'unit, & aurum, comme e taurum: de mesme en est il de toutes les consonnes, qui terminent le mot devant la consonne ou la voyelle suivante, sans que l'h commençant le mot Latin puisse l'empescher. Cette Regle se doit garder doresnavant dans la 2e. & 1e. Classe.

REGLES DE LA III. CLASSE, pour apprendre aux enfants à lire le François.

JE commence par dire ce que c'eſt qu'epeler le François, parce que ce n'eſt pas le meſme qu'epeler le Latin. Epeler le François, c'eſt nommer les lettres d'une ſyllabe & les prononcer enſuite ou jointes enſemble, comme elles ſont eſcrites, ou de la maniere qui eſt eſtablie & authoriſée par l'uſage. Par exemple, epeler ce mot François d'une ſyllabe mon, c'eſt nommer ces trois lettres m, o, n, & les prononcer enſuite jointes enſemble, comme elles ſont eſcrites en diſant, mon : mais epeler la premiere ſyllabe de ce mot François, enfant, c'eſt nommer les deux lettres de cette ſyllabe, en, & les prononcer enſuite de la maniere qui eſt eſtablie & authoriſée par l'uſage, c'eſt-à-dire, comme s'il y avoit un a, au lieu de l'e, en prononçant comme s'il y avoit anfant.

Pour ce qui eſt d'aſſembler le François, c'eſt le meſme qu'aſſembler le Latin.

La fin du Maistre dans cette Classe pour le François est, d'apprendre aux enfants, 1. A prononcer tout haut un mot François d'une syllabe, aprés qu'ils l'auront epelé auparavant tout bas, s'ils en ont besoin. 2. A prononcer tout à la fois deux mots François d'une syllabe chacun. Leurs leçons seront deux discours de monosyllabes ; le premier ils le diront un seul mot à la fois, & le second deux mots à la fois.

I. REGLE. Faites d'abord prononcer tout haut à un enfant des mots François d'une syllabe un seul à la fois, aprés qu'il l'aura epelé tout bas, s'il en a besoin, ce que je ne crois necessaire que dans les mots, dont la prononciation depend de l'usage, pourveu qu'il ait bien fait les Classes precedentes.

II. REGLE. Lorsqu'un enfant prononcera mal un mot François, par exemple, Roy, de mesme que s'il y avoit Ro y en deux syllabes, comme on le devroit prononcer, si c'estoit un mot Latin ; demandez-luy si l'on dit en François le Ro y est à Versailles ; & s'il ne peut pas se reprendre sur le champ, faites-le luy deviner quelque temps, aprés quoy s'il ne le trouve pas, vous luy direz qu'on prononce ce mot en François d'une seule syllabe, & que l'on dit Roy, le Roy est à Versailles. Cette reflexion que vous luy ferez faire de la sorte, luy aura bien-tost appris à chercher & à trouver luy-mesme la veritable prononciation des mots François.

III. Regle. Ayez un tres-grand soin de ne laisser passer un seul mot, qu'il ne soit bien prononcé, parce que cette repetition, à laquelle vous obligerez un enfant, fera qu'ensuite en lisant il prendra peine à refleschir sur la prononciation ordinaire des mots François, & à les bien prononcer.

IV. Regle. Lorsqu'un enfant devra prononcer deux mots d'une syllabe à la fois, faites-les luy prononcer sans nulle pause entre les deux mots, & comme s'ils ne faisoient qu'un seul mot; par exemple, grand Roy, comme, grandroy, en un seul mot.

V. Regle. Faites prononcer aux enfants les mots François selon les Regles de la prononciation Françoise, que vous trouverez plus bas. Pour cela taschez de les bien sçavoir, sur tout par pratique, les gardant toutes vous mesme avec la derniere exactitude dans tous vos discours; & souvenez-vous que vous ne sçauriez donner une meilleure instruction aux enfants, que de leur inspirer & de parole & d'exemple une exactitude extreme à bien prononcer, & à bien lire; & enfin à bien faire tout ce qu'ils font, puisque sans une telle exactitude il est impossible de reüssir en quoy que ce soit, & de rien faire qui soit fini.

REGLES PAR ORDRE sur toutes les lettres de l'Alphabet, pour apprendre à prononcer les mots François de la maniere qui est establie & authorisée par l'usage.

a Substantif masculin.

a, estant à la fin d'un mot se prononce tousjours devant la voyelle suivante, sans faire aucune elision: il aima Antoine, & non pas il aim'Antoine: excepté le seul article, la, car on dit l'excellente en 4. syllabes, & non pas laexcellente en cinq syllabes.

â, accentué ou marqué d'un accent circonflexe au dessus de la sorte ^, se doit traisner tant soit peu, comme l'on fait les syllabes longues Latines. Ainsi l'on traisne la 1e. syllabe de ce mot, âge, comme l'on fait la 2e. syllabe de ce mot Latin, amáre.

Deux aa de suite se prononcent comme un seul a accentué ; ainsi aaron se prononce comme s'il y avoit áron ou âron, sans faire sentir les deux aa en deux syllabes.

æ, se prononce comme e ; æole comme eole : l'on ne prononce pas l'e dans ce mot Caen, & l'on dit Can.

a, devant y se prononce comme e : payer comme peyer : Abbaye comme Abbeye : ayant comme eyant : je liray comme je lirey : j'ay comme j'ey ; excepté ce mot Payen, dont l'a se prononce & non pas comme Peyen ; excepté encore les dernieres syllabes des preterits où ay se prononce comme un é accentué, je dansay comme je dansé.

ai, se prononce quelquefois comme é accentué, aimer comme émer ; & quelquefois comme ai à bouche ouverte ; traiter, chaise, paix, laine, aide, & non pas tréter, chése, pex, léne, éde.

ayent, se prononce comme s'il y avoit seulement deux ée de suite, dont le premier fust accentué & le second muet ; sans t aprés les deux ée, devant une consonne : ils ayent pris, comme ils ée pris ; & avec un t aprés les deux ée devant une voyelle, ils ayent esté, comme ils ée testé.

ain, se prononce en faisant sentir l'a & l'i joints ensemble, pain & non pas pen.

ait, se prononce comme un é accentué sans t aprés l'e devant une consonne, il ait pris, comme il é pris; & avec un t aprés l'e devant une voyelle, il ait esté, comme il é testé.

ao, se prononce sans o dans ces mots, paon, faon, Laon; c'est-à-dire, comme s'il y avoit pan, fan, Lan; mais dans ce mot saoul, on ne prononce ny l'a ny l'l, & on dit soû.

aor, dans ces mots extraordinaire, extraordinairement, se prononce comme il est escrit; ainsi l'on ne doit pas dire extrordinaire en retranchant l'a de la 2e. syllabe.

au, se prononce comme un o, autre comme otre.

B Substantif masculin.

B, finissant un mot, se prononce tousjours soit devant une consonne ou devant une voyelle, à laquelle on le doit unir; Acab fit, & non pas Aca fit: Acab a fait, comme Aca ba fait.

De deux bb de ſuite l'on n'en prononce qu'un, Abbé comme Abé; car s'il falloit prononcer les deux bb de ce mot Abbé, il faudroit dire Abebé, par un e muet aprés le premier b, afin de le faire ſentir, ce qui ne vaut rien; & par conſequent il ne faut pas prononcer Abbé par deux bb, mais par un ſeul.

c Subſtantif maſculin.

c, terminant une autre ſyllabe que la derniere du mot ſe doit prononcer, diſtinction, acte, non pas diſtintion, ate.

c, terminant le mot, ſe prononce dans les noms propres, comme dans Quebec, & non pas dans les autres; ainſi banc ſe prononce comme ban.

Dans ce mot ſingulier, reſpect, on prononce le c ſans t devant une conſonne; reſpect grand, comme reſpec grand; & on prononce le c comme un K ſans t devant une voyelle, à laquelle on unit ce K; reſpect extreme comme reſpe Kextreme : mais au pluriel ce mot reſpects ſe prononce comme s'il y avoit reſpai ſans s & ſans t devant une conſonne; reſpects deus comme reſpai deus, & devant une voyelle il ſe prononce de meſme comme reſpai ſans t, avec une s, laquelle s'unit à cette voyelle : respects extremes, comme respai sextremes.

De deux cc de suite l'on n'en prononce quelquefois qu'un, accabler comme acabler ; & quelquefois on les prononce tous deux, accident, accés, accepter ; non acident, acés, acepter.

c devant a, o, u, avec une cedille au dessous du c, se prononce comme une s, leçon comme leson ; garçon comme garson : & s'il y a une s devant le c, sous lequel il y a une cedille, c'est-à-dire un petit c, renversé de la sorte ç ; on ne prononce point du tout le c, sçavoir comme savoir.

cha, che, chi, cho, chu, ne se prononcent pas comme κa, κe ; mais comme l'on prononce d'ordinaire chaleur, chemin, chiffre, chose, chûte ; & de mesme Archer, Archipreſtre, Patriarche, Evesché, avec ces noms propres Zachée, Michée, Ezechiel, Cherubin, excepté ceux-cy Melchisedec, Chersonese, Alchimie, chaos, Chaldéen, Michol, Achaie, Chalcedoine, Bacchus, Symmachus, &c. Et celuy-cy Patriarchal, &c. qui se prononcent comme s'il y avoit Melκisedec, κaos, &c. par un κ au lieu de ch.

h entre deux consonnes ne se prononcerce point, Jesus-Christ comme Jesus-Crist, throne comme trone.

d Substantif masculin.

De deux dd de suite on n'en prononce qu'un, addition comme adition.

d, terminant un mot qui n'est pas un nom propre, ne se prononce pas devant une consonne, il prend tout, comme il pren tout; & il se prononce comme un t devant une voyelle, il prend avantage comme il pren tavantage; grand âge, grand honneur, comme gran tâge, gran thonneur.

d, terminant un nom propre, se prononce en quelques-uns, comme en David, où le d final se prononce devant une consonne; David prioit, & non pas Davi prioit: & devant une voyelle, à laquelle ce d s'unit, David ayant, comme Davi d'ayant, parce qu'en ostant le d final du mot David, cela le defigureroit tout; mais ce d ne se prononce point en quelques autres noms propres, comme en Renaud; car on dit Renau disoit, & Renau ayant, sans d, parce que cela ne le defigure pas.

d, terminant une autre syllabe que la derniere, se prononce en quelques-uns, comme en ceux-cy, admettre, admirable, admirer: & il ne se prononce pas en d'autres comme en ceux-cy, Piedmont, car on dit Piemont, sans d; ny devant un j long & un y consonnes comme en ceux-cy, adjuger, adjouster, Advocat, adjourner, advouer; car on dit avouer, ajuger, &c.

e Substantif masculin.

L'e ouvert est celuy qui se prononce à bouche tout-à-fait ouverte & un peu long, comme s'il y avoit ai, & ordinairement ces e sont marquez d'un accent circonflexe de la sorte ê, ou bien ils sont joints à une s, beste comme baite; tête comme taite. On suppose que tête se trouvera escrit de la sorte, car il se doit escrire par une s, de la sorte teste.

L'e fermé est celuy qui termine un mot d'une syllabe, & se prononce à bouche presque fermée & presque comme s'il y avoit eu, ainsi ces mots ce, de, je, le, me, ne, que, se, te, se prononcent presque comme s'il y avoit ceu, deu, jeu, leu, meu, neu, queu, seu, teu.

L'e muet ou obscur ou feminin, est celuy qui se prononce sans se faire presque sentir; mais neantmoins sans s'estouffer, comme morte, proche, avec le premier e de ce mot doucement, & le dernier e de celuy-cy, aimée, & les autres e des mots semblables : cet e s'appelle feminin, parce qu'il fait la rime des vers François feminins.

L'e accentué ou clair ou masculin est celuy qui est marqué d'un accent aigu, & qui se prononce à bouche à demi ouverte & un peu fortement à la fin d'un mot, comme fidelité ; & si cet e est à une autre syllabe que la derniere, prononcez-le un peu long presque comme s'il y avoit deux ee, dont le premier fust accentué : épargner, comme éepargner; cet é accentué ne se mange jamais devant une voyelle, fidelité entiere, non pas fidelit'entiere.

L'e fermé & l'e muet terminant le mot se mangent, ou ne se prononcent pas devant une voyelle, il ne entra pas, comme il n'entra pas; aimée autant, comme aimé'autant : mais quoy que l'on ne prononce pas l'e muet devant une voyelle, il se doit neantmoins escrire de la sorte, aimée autant; au lieu que l'e fermé ne s'escrit pas, & à sa place on met une apostrophe de la sorte, n'estant, à la place de ne estant.

Les monosyllabes en es, soit accentuez ou non, ſe prononcent comme s'il y avoit ai ; mes, tes, ſes, les, des, ces, prés, comme mai, tai, ſai, lai, dai, prai : & de meſme aux derivez de prés ; aprés, comme aprai, auquel on adjouſte l'ſ devant une voyelle, à laquelle elle s'unit : aprés avoir, comme aprai ſavoir.

es, au commencement ou au milieu du mot ſe prononce comme un é accentué, eſtablir, depeſcher, comme établir, depécher : excepté quelques-uns où l'ſ ſe prononce, comme eſperer, Meſtre de camp, preſque.

eau, terminant le mot, ſe prononce comme eo, en faiſant tant ſoit peu ſentir l'e de l'eau, comme de l'eo, & non pas de l'o : Bedeau, comme Bedeo, & non pas Bedo ; excepté ce mot Pſeaume, qui ſe prononce comme s'il y avoit Sôme.

ein ſe prononce comme ain ; teinture, Peintre, comme tainture, Paintre.

Deux points ſur l'ë ſervent à en faire une ſyllabe differente de la voyelle precedente ; ainſi Poëte ſera de trois ſyllabes, cohuë, ciguë, de trois ſyllabes.

en, em, dans toute autre ſyllabe que la derniere, ſe prononcent comme an, am ; enfant, entendre, emmener, comme anfant, antandre, ammener.

ien, ient, yen, finiſſant le mot, ſe prononcent par un e, & non pas par un a, mien, tien, rien, moyen, Doyen, tient, ſouſtient.

ent, end, hors de la 3e. perſonne du pluriel des verbes terminant le mot ſans voyelle devant l'e, ſe prononce par un a, au lieu de l'e, prend, fortement, comme prand, fortemant.

ent, terminant la 3e. perſonne du pluriel des verbes de plus d'une ſyllabe, ſe prononce comme un e muet devant une conſonne; ils aiment trop, comme ils aime trop: mais devant une voyelle on adjouſte le t à cet e muet, & l'on joint ce t à la voyelle ſuivante, ils aiment autant, comme ils aime tautant.

L'e final de ces mots lieuë, queuë, feuë, fait une ſyllabe differente, & ſe prononce comme un e muet; en ſorte que ces mots ſont de deux ſyllabes chacun, lieu ë, queu ë, feu ë, & l'on met deux point ſur l'e final, pour monſtrer qu'il fait ſeul une ſyllabe.

eu ſe prononce à bouche plus ouverte qu'u tout ſeul; peuple, & non pas puple.

La Conjonction &, ſe prononce touſjours comme ai, de la ſorte et luy comme ai luy, et eux comme ai eux; que s'il y a une consonne devant &, elle s'y unit, prudent et sage, comme pruden tai sage : & s'il y a un e muet devant &, cet e muet ne se prononce pas; sage & agreable, comme sa j'ai agreable.

Cette Conjonction &, suivie d'un c, & d'un point de la sorte, &c. signifie & cætera, en François aussi-bien qu'en Latin, duquel il est venu, c'est-à-dire, & le reste, & autres personnes, & autres choses semblables, selon le sens de la phrase; & on prononce le t de l'&, de mesme qu'en Latin.

f Substantif feminin.

L'f, se prononce tousjours à la fin des mots devant une consonne, aussi-bien que devant une voyelle, à laquelle elle ne se doit point unir; soif bruslante, & non-pas soi bruslante; soif ardente, & non pas soi fardente; en sorte qu'il faut faire comme une petite pause entre les deux mots, pour faire sentir l'f du premier.

De deux ff de suite l'on n'en prononce qu'une, difficile comme dificile; car on ne voit pas qu'il y ait un milieu entre prononcer l'f en la faisant sentir autant que dans la Regle precedente, & la prononcer sans la faire sentir autant.

g Substantif masculin.

Le g devant e & i, se prononce comme j consonne; gageure comme gajeure; mais devant a, o, u, il se prononce comme un g, & non pas comme un j consonne; garçon, & non pas jarçon.

g, terminant toute autre syllabe que la derniere, se prononce; Agde, Pragmatique, non Ade, Pramatique.

g, terminant le mot, se prononce comme un c devant une voyelle, à laquelle on unit le c, comme un κ, bourg estendu comme bour κestendu; & le g ne se prononce pas devant une consonne, long manteau comme lon manteau; mais s'il y a une s aprés le g, l'on ne prononce ny le g, ny l's devant une consonne, longs manteaux comme lon manteaux: & l's sans g se prononce devant une voyelle, à laquelle on unit cette s, longs habits comme lon shabits.

gua, gue, gui, se prononcent à proportion comme qua, que, qui en François, sans faire sentir l'u, guirlande, guerir.

gn, au milieu d'un mot, se prononce comme s'il n'y avoit point de g, & qu'il y eust un i aprés n, tesmoigner, espargner;

gner, comme teſ moi nier, eſ par nier, en trois ſyllabes; digne, comme di nie en deux ſyllabes.

h Subſtantif feminin.

Quoy que l'h ne ſoit qu'une aſpiration, c'eſt-à-dire, un ſouffle un peu fort du goſier, elle eſt neantmoins une veritable lettre, parce qu'elle exprime un ſon de la voix, different de tout autre ſon, comme l'on voit dans ce mot, Heros, où cette h s'aſpire & ſe prononce d'un ſouffle un peu fort du goſier, d'où il ſe fait un ſon different du ſon que l'on fait, lorſque l'on dit ſeulement eros ſans h aſpirée : l'h eſt enfin une vraye conſonne, parce qu'elle n'exprime un ſon de la voix qu'à l'aide d'une voyelle, comme dans Heros elle exprime un ſon, & ſe prononce à l'aide de l'e; & dans halebarde elle ſe prononce à l'aide de l'a : & ainſi l'h eſtant conſonne, la voyelle precedente ne ſe mange point, de meſme que devant les autres conſonnes.

L'h commençant le mot s'aſpire, ſi le mot propre Latin ne commence pas par une h; ainſi les mots François ſuivants, dont les mots propres Latins ne commencent pas par une h, s'aſpirent; en ſorte que la voyelle precedente ſe prononce comme devant les autres conſonnes ſans faire eliſion : harangue, hareng, Harengere, hableur, hache, haillon, haine, hameau, hanche, hanneton, hennir, haquenée, hardi, hardes, haricot, haſte, harnois, haut, hazard, harpe, herſe, heron, heriſſon, hibou, hideux, hocher, hoyau, Holande, Hongrois, honte, hoqueton, houlette, houx, houblon, houſſine, houpe, huche, Huguenot, hupe, hune, hure, hutte, hurler; ainſi on dit la honte, & non pas l'honte, &c.

L'h commençant le mot ne s'aſpire pas ſi le mot propre Latin commence par une h, comme homme, honneur, & les autres dont le mot propre Latin commence par h, comme homo, honor; on dit donc l'honneur, & non pas le honneur; grand ſhonneurs, & non pas grands honneurs; excepté ce mot Heros, dont l'h s'aſpire quoy que le mot propre Latin commence par une h.

i voyelle Subſtantif maſculin.

i terminant le mot, ſe prononce tousjours, meſme devant une voyelle; parmi üne, & non pas parm'une : excepté la ſeule conjonction, ſi, devant les deux ſeuls articles il, ils ; car l'on dit, s'il, s'ils, en une ſeule ſyllabe, & non pas, ſi il, ſi ils, en deux ſyllabes.

Deux points ſur l'ï ſervent pour en faire une ſyllabe differente de la voyelle precedente; païs, comme pe is, en deux ſyllabes.

ey, ei, terminant le mot, ſe prononcent comme un é accentué ; Grancei, comme Grancé : & dans les autres ſyllabes qui ne terminent pas le mot, ils ſe prononcent comme ai, peine comme paine, & non pas comme péne.

in, terminant le mot, ſe prononce comme ain, ſatin, Latin, comme ſatain, Latain ; & dans les autres ſyllabes il ſe prononce comme en Latin, infini, & non pas ainfini.

ien, dans ces deux monoſyllabes ſe doit prononcer comme il eſt eſcrit, bien, rien, & non pas ben, ren.

j conſonne Subſtantif maſculin.

j conſonne ſe joint tousjours à quelque voyelle, tantoſt à une ſeule comme en ce mot jamais, tantoſt à pluſieurs comme en ceux-cy, jaune, jeu.

K Substantif masculin.

Le K ne s'escrit plus que dans les mots Grecs & dans les mots des autres Langues estrangeres, comme dans Kirie eleïson, qui sont deux mots Grecs, & dans Lubormiski, qui est un mot Polonois.

l Substantif feminin.

l, estant la derniere lettre d'un mot, se prononce tousjours, cheval non cheva.

l, suivie d'une consonne à la fin du mot, ne se prononce pas, Rochefoucault comme Rochefoucaut.

l dans ces mots se prononce comme u; fol, fols, sol, sols, comme fou, fous, sou, sous.

l en ce mot saoul ne se prononce pas, ny mesme l'a, & on dit sou.

l h jointes ensemble, se prononcent comme li; Gentilhomme, comme Genti liom me, en quatre syllabes.

L'article masculin, il, se prononce sans l devant une consonne: il dit, comme i dit; & avec une l devant une voyelle à laquelle on l'unit: il avoit, comme i l'avoit.

ill, devant une voyelle, ſe prononce comme s'il n'y avoit point d'i devant la premiere l, & qu'il y euſt un i à la place de la 2e. l, vaillant comme va liant en deux ſyllabes : veuille, comme veu lie en deux ſyllabes : aſſaillir, comme aſ ſa liir en trois ſyllabes. Cette l ſe prononçant jointe aux deux ii, comme quand on dit dans une ſeule ſyllabe lia, lie, lio, liu, lii.

aul, ſe prononce comme o, aulne comme one.

eil, terminant le mot, ſe prononce comme il eſt eſcrit à bouche à demi ouverte, en faiſant ſentir les trois lettres, & non pas comme ail, à bouche toute ouverte, ny comme elie en deux ſyllabes ; ainſi l'on dit Soleil, non Solail, ny Solelie en trois ſyllabes, comme l'on dit à Paris, mais non pas à la Cour.

S'il y a deux ll de ſuite aprés a, i, o, ſeuls ſans eſtre joints à une autre voyelle, prononcez ces deux ll, comme alluſion, Allobroge, Collateur, Collation de Benefice, collecte, collectif, Collecteur, colloque, colloquer, collection, illicite, illegitime, illuſtre, illuſtration, illuſion. Il y en a d'exceptez, comme collation, qui eſt ce petit repas du ſoir les jours de jeuſne, College, collier, decoller, collet, colleter, &c. qui se prononcent avec une seule l.

De deux ll de suite aprés un e, n'en prononcez qu'une, & prononcez l'e precedent comme ai, elle, belle, comme aile, baile; excepté ellebore, dont on fait sentir les deux ll.

De deux ll de suite aprés un u, n'en prononcez qu'une, Bulle, nulle, comme Bule, nule.

m Substantif feminin.

m, finissant le mot, se prononce comme une n, Factum, renom, faim, comme Facton, renon, fain; & cette n s'unit à la voyelle suivante; Factum excellent, comme Facto n'excellent.

S'il y a deux mm de suite, l'on fait sentir l'une & l'autre; homme, commun, & non pas home, comun.

m, terminant une autre syllabe que la derniere, se prononce aussi comme une n; embrasser, tromper, condamner, emmener, comme enbrasser, tronper, condanner, enmener.

n Substantif feminin.

n, se prononce tousjours lorsqu'elle

finit le mot, & s'il ſuit une voyelle, elle s'y unit; bien obligeant, comme bie nobligeant.

Deux nn de ſuite ſe prononcent l'une & l'autre, bonne & non pas bone.

o Subſtantif maſculin.

o, terminant le mot, ſe prononce tousjours; echo excellent, ſans eliſion de l'o.

oi & oy, terminant un monoſyllabe, ſe prononcent comme il eſt eſcrit à bouche ouverte, Roy, moy, toy, boy, loy.

oi, à la premiere ſyllabe d'un mot de pluſieurs ſyllabes, ſe prononce comme il eſt eſcrit, oiſeau, coiffûre, gloire.

oi, dans une autre ſyllabe que la derniere & la premiere, ſe prononce quelquefois comme il eſt eſcrit, comme Antoine, memoire; & quelquefois comme ai, paroiſtre, connoiſtre, comme paraiſtre, connaiſtre.

oient & oyent, terminant la 3e. perſonne du pluriel du preſent de l'Indicatif ou du Subjonctif des Verbes, ſe prononcent comme oie, en ſorte que l'on traiſne cet oie, comme pour en faire deux* ſyllabes, dont la ſeconde qui eſt l'e, ſe prononcera comme un e muet;

ils oient, envoient, voient, ou voyent, pourvoient, prevoient, comme ils oi e, voy e, prevoi e, &c. excepté ces deux mots, croient, ſoient, qui ſe prononcent comme s'il y avoit craie, ſaie en deux ſyllabes, dont la 1e. ſe prononce comme ai, à bouche ouverte, & la 2e. comme un e muet.

oient, terminant la 3e. perſonne du pluriel de l'imparfait de l'Indicatif & du Subjonctif des Verbes, ſe prononce comme aie, en ſorte qu'on traiſne cet aie, comme pour en faire deux ſyllabes, de meſme que j'ay dit dans la Regle precedente; aimoient, jetteroient, comme ai mai e, en trois ſyllabes, & jet te rai e en quatre ſyllabes.

oie & oye, terminant le mot, prononcez-les en traiſnant un peu, pour faire ſentir l'e, comme s'il eſtoit une ſyllabe differente, & qu'il y euſt deux ſyllabes dans ce mot, joi e, ou mieux joy e, comme joi e, joy e.

ois, oit, terminant les mots d'une ſyllabe, ſe prononcent comme ai ſans s, & ſans t, dans ces quatre mots ſois, crois, ſoit, croit de la ſorte, ſai, crai; mais dans ces huit ils ſe prononcent comme ils ſont eſcrits, de meſme ſans s & ſans t, bois, boit, dois, doit, vois, voit, ois, oit, comme boy, doy, voy, oy; ces quatre mots de deux syllabes chacun gardent la mesme Regle, reçois, reçoit, débois, déboit, comme reçoy, déboy.

*

ois, oit, terminant la 2e. ou 3e. personne du singulier de l'imparfait de l'Indicatif & du Subjonctif des Verbes, se prononcent comme ai à bouche ouverte, sans s & sans t; disois, diroit, comme disai, dirai.

*

ois, dans les noms de païs, se prononce comme ai à bouche ouverte dans ces mots, François, Irlandois, Ecossois, Dauphinois, Orleanois, Lionnois, comme Français, & ainsi des autres; & comme il est escrit, mais sans s dans les mots suivans, Champenois, Tourangeois, Auxerrois, Suedois, Danois, Hambourgeois, Iroquois, Japonois, Siamois, Chinois, avec ce mot, François, nom propre d'un homme, & cet autre mot, Bourgeois, que l'on prononce tous comme ils sont escrits, & sans s finale, de la sorte, Champenoi, non pas Champenai, & ainsi des autres.

oir, se prononce tousjours comme il est escrit, devoir, voir, noir.

p Subſtantif maſculin.

p, finiſſant le mot, ne ſe prononce pas meſme devant une voyelle, drap noir, comme dra noir; loup affamé, comme lou affamé; champ inculte, comme chan inculte.

p, finiſſant une autre ſyllabe que la derniere du mot, ſe prononce quelquefois, redemption, & non pas redemtion; & quelquefois il ne ſe prononce pas, compte, comme conte.

Lorſque pſ ou pt commencent le mot, ne prononcez pas le p; Pſeaume, ptiſane, comme Seaume, tiſane.

De deux pp de ſuite l'on n'en prononce qu'un, approcher comme aprocher.

Ph, phl, phr, ſe prononcent comme s'il n'y avoit qu'une f, au lieu de ph, Philoſophe, Chriſtophle, phraſe, comme Filoſofe, Chriſtofle, fraſe.

p, joint à une autre conſonne, laquelle termine le mot, ne ſe prononce pas; ſept, comme ſet, en prononçant cet e comme ai, & diſant ſait; loups affamez, comme lou ſaffamez; champs incultes, comme chan ſincultes; draps excellents, comme dra ſexcellents.

q Subſtantif maſculin.

q, finiſſant le mot, ſe prononce comme s'il y avoit, que, par un e muet; cinq, comme cinque, ſans faire trop ſentir ce que.

Qua, que, qui, quo, ſe prononcent comme KA, KE, KI, KO; quartier, comme Kartier; queſtion, comme Keſtion.

r Subſtantif feminin.

r, terminant le mot aprés a, i, o, u, ſe prononce devant une conſonne, deſir, dormir, non deſi, dormi; & s'il ſuit une voyelle, on luy unit cette r; deſir extreme, comme deſi rextreme.

r, terminant le mot aprés e, ne ſe prononce pas devant une conſonne, & alors on accentuë l'é; didier, aimer, comme didié, aimé; mais s'il ſuit une voyelle, on prononce l'r, & on l'unit à cette voyelle, en la prononçant un peu foiblement; aimer autant, comme aime rautant.

r, commençant le mot, ſe prononce fortement, comme riviere, rave.

r, commençant une autre ſyllabe que la premiere, ſe prononce foiblement,

Arabe, & non pas fortement, comme s'il y avoit Arrabe par deux rr.

Deux rr de suite se prononcent toutes deux; arracher, arriver, & non pas par une seule r foiblement, comme s'il y avoit seulement aracher, ariver.

ſ Substantif feminin.

L'article, ils, devant une consonne, se prononce comme i tout seul; ils disent, comme i disent: & devant une voyelle, comme is, ils aiment, comme i saiment, en unissant l'ſ à la voyelle suivante.

Ils, n'estant pas article & terminant un mot, se prononce avec son l, sans s devant une consonne, civils François, comme civil François; & avec l's devant une voyelle, à laquelle cette s s'unit, civils Abbez, comme civil s'Abbez.

Ce mot Christ n'estant pas precedé de ce mot Jesus, se prononce avec ſ, Christ, & non pas Chrit; mais estant precedé de ce mot Jesus, il se prononce sans ſ, & Jesus aussi sans son s finale; Jesus-Christ, comme Jesu-Chrit.

ast, ist, eust, à la fin des troisiesmes personnes du singulier des imparfaits du Subjonctif des Verbes, se prononcent ſans ſ, & ſans t, devant une conſonne; il priſt cela, comme il pri cela; & ſans ſ avec le t, devant une voyelle, à laquelle on unit ce t; il aimaſt autant, comme il aima tautant.

ats, terminant un mot, ſe prononce comme un a tout ſeul devant une conſonne; mats de vaiſſeau, comme ma de vaiſſeau; & comme as devant une voyelle, à laquelle on unit cette s finale; mats emportez, comme ma ſemportez.

ets, terminant un mot, ſe prononce comme ai, à bouche ouverte devant une conſonne, intherets differents, comme intherai differents; & comme ais devant une voyelle, à laquelle on unit cette s; intherets ordinaires, comme intherai ſordinaires.

s, terminant le mot, ſe prononce comme un z devant une voyelle, à laquelle on unit ce z; faveurs agreables, comme faveur zagreables; & elle ne ſe prononce pas devant une conſonne, faveurs reçeuës, comme faveur reçeuës.

ſ, au milieu du mot, ſe prononce comme un z entre deux voyelles, deſolation, comme dezolation; mais elle ſe prononce comme une ſ, & non pas comme un z, ſi elle n'eſt pas entre deux voyelles; perſecution, & non pas perzecution; insecte, & non pas inzecte.

Ces mots de deux syllabes du Verbe estre ; sçavoir, estois, estoit, estions, estiez, esté, se prononcent sans s dans la 1e. syllabe, en accentuant l'e qui est devant l's, de la sorte, étois, étoit, étions, étiez, été ; mais ces autres mots du mesme Verbe, sçavoir, estre, estes, se prononcent comme ai, au lieu de cette 1e. syllabe es, de la sorte, aitre, aites ; & à present on escrit tout ce Verbe estre avec une s à la premiere syllabe des mots, selon le Dictionnaire de l'Académie Françoise.

is, terminant toute autre syllabe que la derniere du mot, se prononce tousjours avec son s, comme Histoire, Ismaël ; excepté ce mot, isle, ou l's ne se prononce pas.

os, terminant une syllabe, ne se prononce pas, coste, hoste, costé, suppost, vostre, nostre, ostage, oster, comme cote, &c.

ors, se prononce avec son s dans ce mot, lorsque ; mais non pas en ceux-ci, alors, lors, pas mesme devant une voyelle ; alors il fit, comme alor il fit.

us, terminant un mot, se prononce avec son s dans les noms propres ; Jesus, Hus, & non pas Jesu, Hu ; mais cette ſ ne ſe prononce pas dans les noms appellatifs, comme du ju, du pu, & non pas du jus, du pus avec s.

us, terminant une autre ſyllabe que la derniere dans les mots de pluſieurs ſyllabes, ſe prononce avec ſon ſ, puſtule, non putule.

t Subſtantif maſculin.

ti, commençant ou terminant le mot, ou aprés ces trois lettres, e, l, ſ, prononcez ti par un t, & non par une ſ, comme tien, altier, eſtiez, Eſtienne, & non pas alſier, &c. mais ti aprés toute autre lettre que ces trois, e, l, ſ, ſe prononce comme ſi devant une voyelle dans toute autre ſyllabe que la premiere & derniere du mot, action, tribulation, comme acſion, tribulaſion.

tha, the, thi, tho, thu, thr, ſe prononcent comme s'il n'y avoit point d'h; Thomas, throne, comme Tomas, trone.

u voyelle Subſtantif maſculin.

u voyelle, terminant le mot, ſe prononce meſme devant une voyelle; Dieu eſt, & non pas Die'eſt.

eu, se prononce en une syllabe comme une diphtongue, mais à bouche plus ouverte qu'u tout seul ; veux, peus, & non pas vux, pus. Pour ce mot eu, qui est le preterit du Verbe avoir, & eu, derniere syllabe des preterits & des participes des autres Verbes, il se prononce comme un u simple ; j'ai eu, j'ai conneu, il a peu, comme j'ai u, j'ai connu, j'ai pu ; & de mesme en est-il de cette syllabe, eus, des temps des Verbes, comme j'eusse, conneust, qui se prononcent comme us, j'usse, connut.

Deux points sur l'ü, marquent que cet ü est voyelle, & fait une syllabe avec la voyelle precedente ; loüer, joüer ; mais je ne vois pas que cela soit bien, car sans ces deux points, l'u sera voyelle, & il ne faudroit jamais deux points sur une voyelle, que pour en faire d'elle seule une syllabe entiere.

v consonne Substantif masculin.

v consonne s'unit tousjours à quelque voyelle suivante pour faire une syllabe, venir, en deux syllabes.

x Substantif feminin.

x, commençant le mot, se prononce

comme ſ; Xaintonge, Xaintes, comme Saintonge, Saintes.

x, ne commençant ny ne finiſſant le mot, ſe prononce comme un z devant une voyelle; exemple, ſixieme, comme ezemple, ſizieme : & devant une conſonne comme un cs ; Oxford, comme Ocſford.

x, terminant le mot, ſe prononce comme cs devant une conſonne, Palafox diſoit, comme Palafocs diſoit : & devant une voyelle comme un gz unis enſemble ; Palafox eſtoit, comme Palafogz eſtoit.

y Grec Subſtantif maſculin.

L'y Grec, ſe prononce touſjours comme un i voyelle ; ſyllabe, comme ſillabe.

L'y au milieu du mot & ſuivi d'autres voyelles, fait une meſme ſyllabe avec elles, & non pas avec les precedentes ; Royaume, comme Ro yaume, & non pas Roy aume.

L'y, terminant un mot, ſe prononce touſjours, meſme devant une voyelle ; Givry eſtoit, & non pas Givr'eſtoit.

ey, à la fin des mots, ſe prononce comme un é accentué.

z Substantif masculin.

z, terminant le mot, ne se prononce pas devant une consonne, & alors on accentuë l'e qui est devant le z; revoltez Soldats, comme revolté Soldats; mais il se prononce devant une voyelle, à laquelle il s'unit; revoltez ennemis, comme revolté zennemis.

REMARQUES.

1. La consonne terminant le mot, ne se prononce pas devant une consonne commençant le mot suivant, & elle se prononce devant une voyelle suivante, à laquelle elle s'unit, excepté qu'il n'y ait quelque Regle contraire.

2. L'h qui n'est pas aspirée, ne se prononce jamais, & elle n'empesche pas que la consonne qui termine le mot precedent ne s'unisse à la voyelle qui est aprés cette h; grands honneurs, comme grand sonneurs.

3. Si entre deux syllabes, où à la fin de la ligne il y a une petite ligne couchée au milieu de la hauteur de la lettre, ce qui s'appelle un tiret; joignez la syllabe qui est devant le tiret, à la

ſyllabe qui eſt aprés, pour n'en faire qu'un ſeul mot ; Jeſus-Chriſt, comme JeſuChriſt en un ſeul mot, le tiret eſt appellé diviſion par les Imprimeurs.

4. Si entre deux voyelles il y a un t entre deux tirets de la ſorte -t- uniſſez ce -t- à la voyelle ſuivante, y a-t-il comme y a til.

5. Si entre deux lettres un peu eſcartées l'une de l'autre il y a au deſſus de la hauteur de la lettre une apoſtrophe ; c'eſt-à-dire, un petit c renverſé de la ſorte ' uniſſez ces deux lettres en une ſeule ſyllabe ; ainſi, qu'il, n'eſt qu'une ſyllabe. Remarquez que l'apoſtrophe ſe met tousjours & ſeulement aprés ces mots d'une ſyllabe, ce, de, je, le, la, me, ne, que, ſe, te, devant tous les mots qui commencent par une voyelle ou par une h qui n'eſt pas aſpirée ; & de meſme aprés la conjonction ſi, devant les ſeuls articles il, ils, comme c'eſt, d'autres, l'Hiſtoire, s'ils ; & ainſi l'apoſtrophe eſt un petit ' renverſé & mis immediatement au deſſus de la hauteur de la lettre à la place de l'e final des mots precedents d'une ſyllabe devant une voyelle ſuivante, pour ne faire de cette voyelle & de la lettre precedente qu'une ſeule ſyllabe.

6. L'accent circonflexe, qui est un petit ' consonne renversé, fait de la sorte ^ & qui se met sur une voyelle, monstre qu'il faut prononcer longue cette voyelle, c'est-à-dire, qu'il faut un peu traisner la syllabe où est cette voyelle, comme si elle y estoit deux fois de suite; hôte, comme hoote, sans neanmoins faire sentir les deux oo en deux syllabes differentes: on escrit à present hoste par s.

7. L'accent aigu, qui est une petite ligne pointuë par le bas, & tirée de la droite à la gauche un peu en penchant sur un e, signifie que cet e se doit prononcer fortement s'il est à la fin du mot, comme fidelité: & un peu long, & presque comme s'il y avoit deux ee dans toute autre syllabe que la derniere; épargner, comme eepargner, en traisnant un peu cet é, comme s'il y avoit deux ee, sans neantmoins faire sentir ces deux ee en deux syllabes differentes.

8. La parenthese est une ou plusieurs phrases de suite inserées dans la periode, & qui y ont du rapport, sans en faire neantmoins une partie. L'on marque ordinairement la parenthese par un grand (au commencement, & par un grand) renversé à la fin.

9. Pour les abbreviations, ces deux lettres us jointes ensemble s'abbregent par ce petit ⁹ de chiffre que l'on met aprés la lettre qui precede us, à la mesme place où l'on met l'apostrophe. Ces mots Domini, Domino, Domine, Dominum, s'abbregent ainsi, Dñi, Dño, Dñe, Dñm, avec un titre sur la penultiéme lettre; mais les n & les m qui s'abbregent toutes deux egalement par un titre, c'est-à-dire, par une petite ligne couchée sur la lettre qui est devant cette n & cette m, que l'on abbrege, devroient s'abbreger autrement, afin qu'on les distinguast l'une de l'autre; par exemple, on devroit abbreger l'n par une petite ligne simple & droite couchée sur la lettre precedente, & l'm par une petite ligne aussi couchée, mais commençant par une petite pointe en bas, & finissant par une autre pointe en haut de la sorte, n̄, m̃.

10. Il y a deux sortes de prononciations contraires, mais egalement bonnes touchant les consonnes qui terminent un mot devant une voyelle: ces consonnes ne s'unissent pas à ces voyelles suivantes dans les discours familiers, entre amis & entre pere, mere, enfants & domestiques dans une famille; &

ainſi ces conſonnes ne ſe prononcent pas pour lors, excepté les articles il, ils, les, des, & ces Pronoms ces, mes, tes, ſes, nous, vous, dont la conſonne finale ſe prononce touſjours devant une voyelle ; l'on dit donc dans le diſcours familier, ils aiment autant, comme s'il y avoit i ſaime autant ; mais toutes les conſonnes ſe doivent prononcer unies aux voyelles ſuivantes dans les diſcours ſerieux faits aux Grands, ou en chaire, ou en liſant un livre ; & par conſequent il en eſt de ces ſortes de prononciations comme des diverſes ſortes d'habits, dont les uns ſont de parade & de ceremonie, pour paroiſtre en public, & pour faire ou recevoir des viſites d'honneur ; & les autres ſont des deshabillez ſervant ſeulement à la maiſon & dans la famille, & avec des gens qui paſſent comme pour eſtre de la maiſon & de la famille.

REGLES DE LA II. CLASSE, pour apprendre aux enfants à lire le Latin.

LA fin du Maiſtre dans cette Claſſe eſt de faire prononcer tout haut aux enfants quatre mots à la fois, & ensuite cinq mots aussi à la fois, sans en assembler tout bas les syllabes : leurs leçons seront les 7. Pseaumes de la Penitence, qu'ils diront la moitié quatre mots à la fois, puis l'autre moitié des sept Pseaumes avec le Te Deum laudamus & le Symbole, Quicumque vult salvus esse, qu'ils diront cinq mots à la fois.

I. Regle. Ayez tousjours un tres-grand soin de faire prononcer ces quatre & cinq mots à la fois d'une voix haute, ferme & uniforme, en faisant bien distinguer toutes les lettres & les syllabes sans nulle precipitation, sans aucune pause entre les mots, sans repeter ny lettre, ny syllabe, ny mot, s'ils ont esté bien prononcez auparavant; & enfin sans inserer entre deux syllabes ou entre deux mots une espece de petit soupir ou de petite toux venant du gosier & assez ordinaire aux enfants, qui se precipitant pour dire le mot suivant, & ne le pouvant pas epeler ny assembler assez-tost, font ce petit soupir ou toussent ainsi comme pour continuer le mot precedent, afin que pendant ce temps-là ils puissent epeler ou assembler & prononcer le mot suivant, lequel aussi ils prononcent bien ensuite, lorsqu'ils le peuvent bien epeler ou aſſembler, & lequel ils ne prononcent pas bien, lorſqu'ils ne le peuvent pas bien epeler ny aſſembler.

II. Regle. Dans cette Claſſe où les enfants prononcent quatre & cinq mots à la fois ſans plus aſſembler, & où par conſequent ils n'ont pas beſoin de touche, ils doivent tenir leur livre autrement que quand ils ſe ſervoient de touche. Faites-leur donc tenir leur livre entre les mains devant l'eſtomac, les deux coudes pendant naturellement en bas & collez aux coſtez, en ſorte que les deux parties du livre ouvertes & repliées aſſez pour voir le commencement & la fin des lignes, ſoient poſées ſur les deux mains eſtenduës, entre le pouce & le ſecond doigt de chaque main, & les deux pouces appuyez doucement ſur la marge du livre, vers le milieu environ pour le tenir.

III. Regle. Ne laiſſez pas arreſter un enfant à la ponctuation, s'il n'y a pas juſques là autant de mots qu'il en doit prononcer à la fois, comme je l'ay desja dit dans les Regles de la 3e. Claſſe, que s'il apprend parfaitement & en tres-peu de temps à prononcer quatre & cinq mots à la fois, faites-le monter pluſtoſt dans la 1e. Claſſe.

REGLES

REGLES DE LA II. CLASSE, pour apprendre aux enfants à lire le François.

LA fin du Maistre dans cette Classe pour le François, est de faire prononcer aux enfants deux mots François à la fois, puis trois, puis quatre ; & enfin cinq mots à la fois : leurs leçons seront la moitié des Proverbes de Salomon deux mots à la fois, puis le reste des Proverbes trois mots à la fois, & ensuite la moitié de l'Histoire de Tobie quatre mots à la fois, puis le reste de cette Histoire cinq mots à la fois.

REGLE. Faites lire le François avec le mesme soin que j'ay marqué pour le Latin & le François dans les Classes precedentes.

REGLES DE LA I. CLASSE, pour apprendre aux enfants à lire le Latin dans la perfection.

LA fin du Maistre dans cette Classe pour la lecture du Latin est, d'apprendre aux enfants, 1. A s'arrester à la ponctuation, aux parentheses & aux &. 2. A prononcer les mots Latins selon la quantité, autant que le peut permettre l'esprit des enfants, qui sont les deux dernieres qualitez necessaires pour lire le Latin dans la perfection. Leurs leçons seront les leçons du Latin de la 3e. & 2e. Classe, en les faisant arrester à la ponctuation, aux parentheses & aux &. Et ensuite on leur fera dire les Hymnes marquées & les Responses de la Messe.

I. REGLE. Faites lire le Latin dans cette Classe comme dans la 3e. & la 2e. Classe pour tout ce qui regarde la parfaite prononciation.

II. REGLE. Pour ce qui est de la 1e. Partie de cette Classe, qui est d'apprendre aux enfants à s'arrester à la ponctuation, faites-les arrester à la virgule un petit moment, & seulement pour faire connoiſtre que le mot de devant la virgule n'eſt pas uni avec le mot d'aprés, & qu'ils ne font pas les deux parties d'un meſme mot : & de meſme en faut-il faire au commencement & à la fin des parentheſes. Faites-les arreſter un peu plus & comme deux inſtants au point & virgule, aux deux points, au point interrogant, & au point admiratif : & enfin plus encore au point ſeul. Mais toutes ces pauſes ne doivent eſtre ny trop courtes, de peur qu'on ne les remarque pas aſſez ; ny trop longues, de peur qu'on ne s'en ennuye.

III. Regle. Pour les Hymnes de l'Egliſe, il faut s'arreſter aux ponctuations ; & s'il n'y en a point à la fin d'une ligne, faites-y arreſter l'enfant comme à une virgule.

IV. Regle. Pour les &, s'ils lient deux phraſes, il me ſemble que l'on y doit faire arreſter les enfants autant qu'aux virgules, mais non pas s'ils ne lient que deux mots ; ſi ce n'eſt qu'il y ait quelque ponctuation devant ces &.

V. Regle. Pour la 2e. Partie de cette Claſſe, qui eſt de prononcer les mots ſelon la quantité : il faut faire prononcer longues les ſyllabes marquées d'un accent aigu, c'eſt-à-dire, faire un peu traiſner ces ſyllabes plus que les autres, comme ſi la voyelle, ſur laquelle eſt l'accent aigu, ſe repetoit deux fois, de la ſorte, amáre, comme amaare ; ſans faire neantmoins ſentir qu'un ſeul a: autant en doit-on faire pour la penultiéme ſyllabe longue dans les mots de plus de deux ſyllabes, & de meſme pour l'antepenultiéme, quoy que breve, ſi la penultiéme n'eſt pas longue. Voyez la Regle que j'ay faite pour la prononciation des ſyllabes longues & marquées d'un accent aigu, & que vous trouverez à la fin des Regles de la 4e. Claſſe.

REGLES DE LA I. CLASSE, pour apprendre aux enfants à lire le François dans la perfection.

LA fin du Maiſtre dans cette Claſſe pour la lecture du François eſt d'apprendre aux enfants à s'arreſter, 1. A la ponctuation, aux parentheſes, & aux &. 2. A s'arreſter aprés de certains mots, ſelon le ſens, dans les phraſes un peu longues, où il n'y a point de ponctuation, qui ſont les deux dernieres qualitez neceſſaires pour lire le François dans la perfection. Leurs leçons seront les leçons du François de la 3e. & 2e. Classe, c'est-à-dire, les deux discours de monosyllabes, les Proverbes de Salomon, & l'Histoire de Tobie, les faisant arrester à la ponctuation & au sens. Pour les papiers escrits à la main & la lettre Gothique, si on les veut apprendre à lire aux enfants, on en trouvera la Methode dans la Regle 4e. & 5e. suivante.

I. REGLE. Faites lire le François pour la prononciation comme dans la 3e. & 2e. Classe.

II. REGLE. Pour la 1e. Partie de cette Classe, qui est de s'arrester à la ponctuation, aux parentheses, & aux &, voyez ce que j'en ay dit dans les Regles de la 1e. Classe pour le Latin, car c'est la mesme chose.

III. REGLE. Pour la 2e. Partie de cette Classe, qui est de s'arrester aprés de certains mots, selon le sens, dans les phrases un peu longues, où il n'y a point de ponctuation qu'aprés le dernier mot, de sorte que l'enfant auroit de la peine à prononcer d'une haleine cette phrase entiere, apprenez-luy à s'arrester un petit instant aprés de certains mots, qui feront un sens, lequel ne sera pas coupé ny mauvais, par exemple dans cette phrase : Je me suis promené durant ces derniers 15. jours avec beaucoup de plaisir dans cette belle plaine coupée d'un grand chemin bordé de part & d'autre d'arbres assez hauts & extremement touffus. Il est necessaire de faire de petites pauses en divers endroits, où le sens ne sera pas coupé ny mauvais. Faites-le donc arrester un instant aprés ces mots, promené, jours, plaisir, plaine, chemin, d'autre, hauts, touffus ; parce que le sens y est bon, & qu'il seroit coupé & mauvais aprés ces autres mots, suis, quinze, avec, belle, assez.

IV. Regle. Pour ce qui est des papiers escrits à la main, qu'on doit seulement monstrer dans cette Classe, faites-en lire d'abord de fort aisez, c'est-à-dire, escrits d'un caractere par tout egal & nullement ou tres-peu chicané ; & ensuite donnez-en de plus difficiles, mais non pas de ceux qui ne se peuvent lire que par des gens de pratique, qui sçachant les formules par cœur, n'ont pas de peine à deviner & à suppléer des lettres, des syllabes & des mots trop mal escrits. Pour apprendre donc aux enfants à lire ces papiers, faites-les commencer par nommer les lettres de l'Alphabet, puis continuer par nommer tout haut les lettres d'une leçon de quatre ou cinq lignes plus ou moins, en continuant ainsi jusqu'à ce qu'il les connoisse bien; aprés quoy vous luy ferez prononcer un mot à la fois, jusqu'à ce qu'il le prononce bien & facilement; puis vous luy ferez prononcer deux mots à la fois, puis 3. 4. & 5. à la fois, & ensuite vous le ferez arrester à la ponctuation, aux parentheses, aux &, & aprés de certains mots, selon le sens, comme j'ay dit plus haut dans la 3e. Regle precedente: ayez enfin tousjours un tres-grand soin de faire garder exactement toutes les Regles de la lecture que j'ay données dans toutes les Classes.

V. Regle. Si l'on veut apprendre aux enfants à lire la lettre Gothique, commencez par leur faire nommer les lettres de l'Alphabet de ces lettres; puis continuez à luy faire nommer les lettres jusqu'à ce qu'il les connoisse parfaitement; puis vous leur ferez dire un mot à la fois, puis 2. 3. 4. & 5. à la fois, en continuant leur livre sans le recommencer; & enfin vous le ferez lire, sans s'arrester qu'à la ponctuation & au sens.

VI. Regle. J'ay creu qu'il estoit bon de donner une petite teinture du chiffre aux enfants, afin qu'ils ne soient pas arreſtez par les chiffres qui ſe rencontrent dans la lecture ; & ainſi j'ay mis dans cette Claſſe le chiffre Arithmetique, avec les lettres numerales & le chiffre Romain.

METHODE NOUVELLE,

POUR APPRENDRE aux enfants, à lire parfaitement bien le latin & le françois.

II. PARTIE.

OU SONT LES LEÇONS pour les enfants distribuées en sept Classes ; avec un tel ordre que les Leçons de la Classe plus basse seront tousjours plus faciles que celles de la Classe plus haute ; & que mesme les Leçons de chaque Classe ayant plusieurs parties, la premiere sera plus aisée que la seconde, & ainsi des autres : desorte que chaque Leçon depuis l'a, b, c, facilitera la Leçon suivante aux enfants, jusqu'à ce qu'ils soient parfaits dans la lecture du latin & du françois.

A PARIS,
Chez la Veuve de PIERRE LE MERCIER,
ET
PIERRE AUGUSTIN LE MERCIER,
ruë Frementelle, au Petit-Corbeil,
prés le Puits - Certain.

M. DC. XCIV.
AVEC PRIVILEGE ET APPROBATION.

LEÇONS
DE LA
SEPTIESME CLASSE.

Pour apprendre aux enfants, à connoiſtre & à prononcer les Lettres:

PREMIER ALPHABET des lettres minuſcules romaines.

Premier arrangement des lettres par l'Alphabet ordinaire.

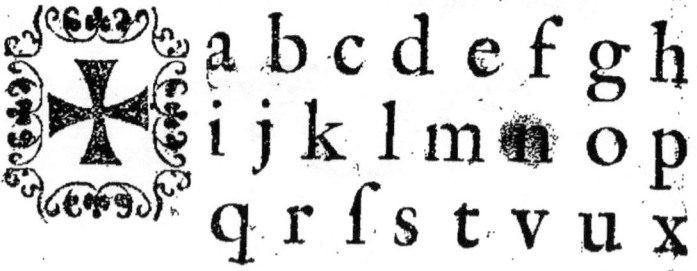

a b c d e f g h i j k l m n o p q r ſ s t v u x y z.

Second arrangement à rebours.

z y x v u t ſ s r q p

o n m l k j i h g f e
d c b a.

Troisiesme arrangement par voyelles & par consonnes.

a e i y o u
b c d f g h j k l m
n p q r s ſ t v x z.

Quatriesme arrangement à rebours.

z x v t ſ s r q p n m
l k j h g f d c b.
u o y i e a.

Cinquiesme arrangement par diphtongues & par lettres unies.

æ ai au ei eu œ oi
ou
ct & ſſ fi ſi ſi ſl ſſ ſt

Sixième arrangement à rebours.

ſt ſſ ſl ſi ſſl ſi ſt & ct
ou oi œ eu ei au ai
æ.

Septiesme arrangement par une confusion de lettres.

n t c ſſ b ſſi j v ſt g
a & o fi z x fl r ſi l
p ſſ g ſſi i ct e ſ æ y
f k fl h œ d u m
ſl

f h e ff o k ſſi x v c
ffi b j t n g ſt i fl œ
ſl d u m ct q z fi a
& fl r ſi ſ æ y ſſ p l.
g ſt i fl f h e c o ff

y ffi v ĸ ſſi x ct z b
h m q a ffl l & n ſl u
r ff j s d ſi æ t p

a l e ſ ſſ h x i r
& æ ſi ct m t ſt z fi
v ff c ĸ ſl f j ſſi œ g
d p b ffi u n o q
ſt ſl

c ff s u ſ ſt z fi a
h l j e & r i t ſſ q ff
p ffi n b ſl o f æ d ĸ
ct ſi m ſl h ſſi œ u g
x

ffi g p d r e ſl h
s z ſ j ſſ q ſſi c f fi y
n ſi x b ſl i m ĸ t v

ff n o l æ ct ſl œ &
a ſt

j ſ n d ſſ m z v ffi
q ſl g ſſi b k ſt a ſl
æ t ct h c ſi l p ff o
s e r fi u y f x i fl & œ

fi t fl c a ffi h n ſt
d ſ f j ſſ & v ſſi z i
ſl e x b ct o m g l fl
k æ y fi u ff s p r ſ
q œ

u s b ſſi m q ſl e
v p n y fi æ f d j c
œ z g ct a ſt i fl k
ſi l fl r ſſ & t o ff x
ffi h

ſ æ K n t q ſſ b ſſi
z s a & v ct ſi h ſt
r i f fi œ fl e ſl p d
u j m c y o x ff l g
ſſi

h ffi x ſſ o ſ t &
ſſ r fl l ſi k i ſt a
ct g z œ c j d f æ fi
y n ſ p v e ſl q m ſſi
b s u

x g u z m i ff b
x ſi n y fi f c ffi q ſſ
j k s h ſl e r d p a l
t ct ſt v o ſ æ &

ſt a œ fl & æ l o
n ſſ v t K m i ff b x

ſi n y fi f c ſ ſſi q ſſ
j z s h ſl e r d p g
ffi

fl q ff o n u ffi h
ſ b p d g œ ſſi j f ſl
K c ſſ v fi z ſt t m ct
ſi æ & r i ſ x h ſſ s
e l a

SECOND ALPHABET
en lettres majuſcules romaines.

Premier arrangement des lettres par l'Alphabet ordinaire.

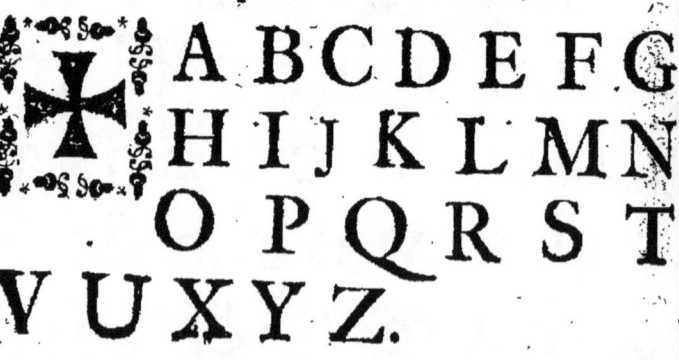

A B C D E F G
H I J K L M N
O P Q R S T
V U X Y Z.

Second arrangement à rebours.

Z Y X U V T S R
Q P O N M L K J
I H G F E D C B A.

Troisiesme arrangement par voyelles, par consonnes & par diphtongues.

A E I Y O U
B C D F G H J K L
M N P Q R S T V
X Z Æ

Quatriesme arrangement à rebours.

Æ Z X V T S R Q P
N M L K J H G F
D C B
U O Y I E A

Cinquiesme arrangement par une confusion de Lettres.

K N E I Z Æ L T
F B G S F C A Q
O J D X U R Y V
M P

Æ N U G E R M
A V P Y F X T
I S O D K J Z B L
H Q C

I R Z Y Æ D G
U O F B A S P M
V X N E J H Q
K L C T

A B F O U G D
Æ Y Z R I N X V

M P S L K Q H J
E T G
D A N Æ B X L
Y F V K Z O M Q
T R U P H C I G
S J E
N X V M P S A
F B O U G D Æ Y
Z R I Q L H K J
E C T
J H Q K L E C
T S P M V X N G
U O F B D A Y Æ
Z R I
K V F Y T Q M
O Z C H P U R E J

S G I Æ B X L D A
N

S P M V X N J H
Q K E C L T G U
O F B I R A Z Y
Æ D

E J S G I R Z Y
Æ D A N L T C
H P U O F B X V M

T L M A D Æ Y Z R
I G S J E C K V F O
U P H Q N

J H Q L T E C K S
P N V X M G U O B F
A D I R Z Y Æ

Y B V L Z O N Q
E C K I G S J Æ D F A
X M L T

J Z H V G U O Q M
B N R C E T Y D A P
Æ I L S F X K
U G V H Z J O Q M
B E C R N T Y D A L
I Æ P S F X K
T Y E O V H Z J B
M Q C R N D P Æ I L
K X F U G.

TROISIESME ALPHABET
en lettres minuſcules italiques.

Premier arrangement des Lettres par l'Alphabet ordinaire.

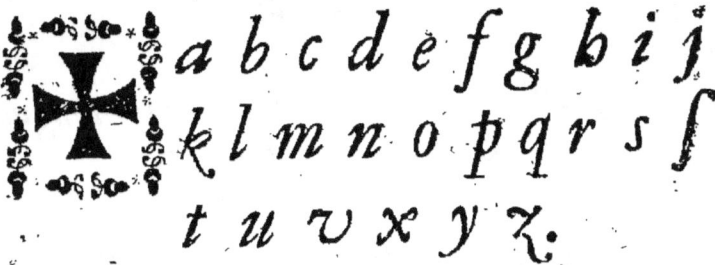

a b c d e f g h i j
k l m n o p q r s ſ
t u v x y z.

Second arrangement à rebours.

z y x v u t ſ s r q p

o n m l k j i h g f e d c b a.

Troisiesme arrangement des Lettres par voyelles & par consonnes.

a e i y o u

b c d f g h j k l m n p q r s ſ t v x z.

Quatriesme arrangement à rebours.

z x v t ſ s r q p n m l k j h g f d c b u o y i e a.

Cinquiesme arrangement par diphtongues & par lettres unies.

æ ai au ei eu œ oi ou.

ſl ſſ ſp ſſi ſſi ſl ſſ ſi ſt ſb ct ſi ß ſſl.

Sixiéme arrangement à rebours.

ſſl ß ſi ct ſb ſt fi ſſ ſl ſſi
ffi ſp ff fl

ou oi œ eu ei au ai

æ.

Septieſme arrangement par une confuſion de lettres.

ffl a l e ſ ſſ h æ s i
r ß & æ ſi ct ſb m t ſt
z fi v ſſ c k ſl f j ſſi œ g
d p b ſ h ffi u ſp n o ff
q fl

ffi g ffl p d r ſp e ſl h
s z j ſſ q ſſi ſ c f h ſb y
n ſi x b ff i ſp m k t v
ff n ß o l æ & fl œ a ſt

& æ ſ o v ffl ſt ct t
l a p d r ſb e ſl h s ſ k
j ſſ q ſp ffi c f fi ß y n ſi
x b ff i m z u g x

u s b ſſi m q ſl e v
ffl p ſ n y fi ß æ f d j c æ
z g ct a ſb ſt i fl k ſi l ff
ſp r ſſ & t ſ o ff x ffi h

fl ffi g l ff x ffl o y c
m j u d p ſl ſp e fl æ fi
f i r ſb ſt h ſi ct v & a
s ß z ſſi b ſſ q t n k
æ ſ

h ffi x ff ffl o t & ſſ
r ff l ſi k fl i ſt ſp a ct g
z æ ß c j d f ſb æ fi y n

p v e ſl q m ſſi b s u
æ q ſ r p s ff u fi y
ſp æ fl l g m o &t b x ſb
e ſl i z ſſi v & ſſ ſp j t
ſ d ſt ß n h ffi ffl a c ſl
t ſi

æ & ſl i x f y ſp u
fi r e s o ff p l ſi ſb c h
&t t æ ſt a ſt ſp b ſſi ß g
ſl q ffi v z ffl m ſſ d n
ſ j

ſt a & œ ſt &t æ l ſp
o n ff v t m ß i ſſ b x
ſi n ffl y fi f c ſſi ſb q
j z s h ſl ſp e r d p g ffi
x g u ffl œ ſſi h ſl ß

m ſi ct d æ f ſp o ſl b n
ſſi p ff ſb q ſſ t i r & e
j l h a fi ſſp z ſt v s ff
c

fl q ff o n ß u ffi h b
ſp p d g œ ſſi j f ſl c ff
v fi z ſt t ſb m ct ſi æ
& r i x h ſſ s ffl e l a

p t æ ſi d s j ff r u
ſl n & l ff a q ſb m ſi
b z ct ſp x ſſi v ffi ß y ſſ
o c ffl e h f fl i ſt g

l p ſſ y ſp æ s ſi r fl
& a fi z q ct m ſb u d
ff ß œ fl i ſt g ffl n t j b
ffi c v ſp x ſſi o ff e h f

ſl m u d ſs æ h ff. f ſp
y æ s e ct i ſſi ſſl g ſſ p
l ſi r fl x ſb z fio & a
g ſt ſp v j ffi b ff c t n.

QUATRIESME ALPHABET en lettres majuſcules ou capitales italiques.

Premier arrangement des lettres par l'Alphabet ordinaire.

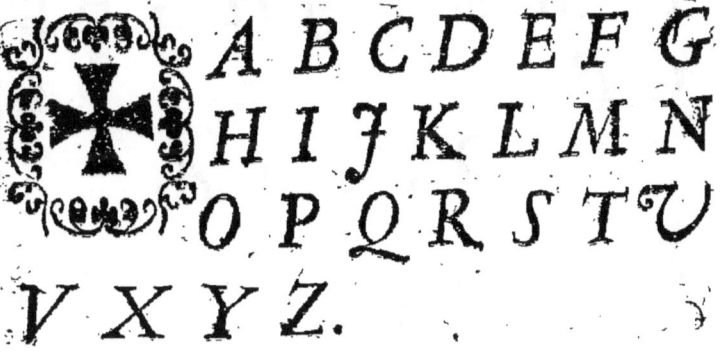

A B C D E F G
H I J K L M N
O P Q R S T U
V X Y Z.

Second arrangement à rebours.

Z Y X V U T S R Q P
O N M L K J I H G
F E D C B A.

Troisiesme arrangement par voyelles, consonnes & diphtongues.

A E I Y O V

B C D F G H J K L

M N P Q R S T V

X Z Æ

Quatriesme arrangement à rebours.

Æ Z X V T S R Q P

N M L K J H G F D

C B

V O Y I E A.

Cinquiesme arrangement par une confusion de lettres.

G V F X K L I

Æ P D N R C Q M

B J Z H V O E Y T

K X F S P Æ I L
A D Y T N R C E B
M Q O J Z H V G U
K X F S L I Æ P A
D Y T E C R N B M
Q O U G V H Z J
T L M X A F D Æ J
S G I K C E Q N O Z
L V B Y
Æ Y Z R I D A
F B O U G M X V
N P S K C E T L Q
H J
M V X B F O U
P H C T L N A D Æ Y
Z R I G S J E

D Y Z A R I B F
O V G T L C E Q H
J N X V M P S
N A D L X B Æ I G S
J E R V P H C Z O
M Q T Y F V K
I R Z Æ Y A D B F
O V G N X V M P S
T C E L K Q H J
T C E J K H L Q I
R Z Y Æ D G V O B F
A S P M V X N
E J S G I C H P V
R T Q M O Z V F Y
L X B N A D
G T E J H Q L S

P M V X N I R Z Y

Æ D G U O F B A

T C L Q H J E N

X V M P S A B F O

U G D Æ Y Z R I

C Q H L B Z J K

D O S I T X F Y P V

A M R E G U N Æ

P M V Y R U X D

J O Q A C F S G B

F T L Æ Z I E N K.

Sixiéme arrangement par une confusion de Lettres des quatre Alphabets.

ff & j Q h A U o fl ct

C Z L g ll y n Y sp C A

& E Z ſſi g K D b T H

F O x ffl N ſ æ G ct K

q *G u ß a* z X *j* H *D* ſt

R t d *M* O f *d ſt* p *X ſp*

o ſt *B* z *s ſſ* ſt *h* ſ l *c ſ y ſi*

e r *L* B *q n* a t *r Z ſi* M

P l F x *b v ſb p* T *i* c *e* l

ſ ſſi v P ſl Æ *H m* ſſ *E* g

V i ſi j æ ſi *Y* a œ N J U

R *N A* m *Q I K* S *E B*

F P U

LEÇONS DE LA SIXIE'ME CLASSE,

Pour apprendre aux Enfants, à epeler & à prononcer toutes sortes de syllabes.

Syllabes d'une lettre.

a e i y o u.

Syllabes de deux lettres.

Premier arrangement.

Ba be bi bo bu
Ca ce ci co cu

Da	de	di	do	du	
Fa	fe	fi	fo	fu	
Ga	ge	gi	go	gu	
Ha	he	hi	ho	hu	
Ja	je	ji	jo	ju	
Ka	ke	ki	ko	ku	
La	le	li	lo	lu	
Ma	me	mi	my	mo	mu
Na	ne	ni	no	nu	
Pa	pe	pi	po	pu	
Ra	re	ri	ro	ru	
Sa	ſe	ſi	ſo	ſu	
Ta	te	ti	to	tu	
Va	ve	vi	vo	vu	
Xa	xe	xi	xo	xu	
Za	ze	zi	zo	zu	

Second arrangement.

Bu	*bo*	*bi*	*by*	*be*	*ba*
Cu	*co*	*ci*		*ce*	*ca*
Du	*do*	*di*	*dy*	*de*	*da*
Fu	*fo*	*fi*		*fe*	*fa*
Gu	*go*	*gi*	*gy*	*ge*	*ga*
Hu	*ho*	*hi*	*hy*	*he*	*ha*
Ju	*jo*	*ji*		*je*	*ja*
Ku	*ko*	*ki*		*ke*	*ka*
Lu	*lo*	*li*	*ly*	*le*	*la*
Mu	*mo*	*mi*		*me*	*ma*
Nu	*no*	*ni*		*ne*	*na*
Pu	*po*	*pi*		*pe*	*pa*
Ru	*ro*	*ri*		*re*	*ra*
Su	*ſo*	*ſi*		*ſe*	*ſa*
Tu	*to*	*ti*	*ty*	*te*	*ta*

Vu vo vi ve va
Xu xo xi xe xa
Zu zo zi ze za

Troisiesme arrangement.

Zu zo zi ze za
Vu vo vi ve va
Tu to ti te ta
Su ſo ſi ſy ſe ſa
Ru ro ri re ra
Pu po pi py pe pa
Nu no ni ne na
Mu mo mi me ma
Lu lo li le la
Ku ko ki ke ka
Ju jo ji je ja
Hu ho hi hy he ha

Gu go gi ge ga
Fu fo fi fy fe fa
Du do di de da
Cu co ci ce ca
Bu bo bi be ba

Quatriesme arrangement.

Zu xu vu tu ſu ru pu nu mu lu ku ju hu gu fu du cu bu

Zo xo vo to ſo ro po no mo lo ko jo ho go fo do co bo

Zi xi xy vi ti ſi ri ry pi ni ny mi li ki ji hi gi gy fi di ci bi

Ze xe ve te ſe re pe

ne me le ke he ge fe de ce be

Za xa va ta ſa ra pa na ma la ka ja ha ga fa da ca ba

Cinquieſme arrangement.

Ab	eb	ib	ob	ub
Ac	ec	ic	oc	uc
Ad	ed	id	od	ud
Af	ef	if	of	uf
Ag	eg	ig	og	ug
Al	el	il	ol	ul
Am	em	im	om	um
An	en	in	on	un
Ap	ep	ip	op	up
Ar	er	ir	or	ur

As	es	is	os	us
At	et	it	ot	ut
Ax	ex	ix	ox	ux
Az	ez	iz	oz	uz

Sixiéme arrangement.

Vb	*ob*	*ib*	*eb*	*ab*
Vc	*oc*	*ic*	*ec*	*ac*
Vd	*od*	*id*	*ed*	*ad*
Vf	*of*	*if*	*ef*	*af*
Vg	*og*	*ig*	*eg*	*ag*
Vl	*ol*	*il*	*el*	*al*
Vm	*om*	*im*	*em*	*am*
Vn	*on*	*in*	*en*	*an*
Vp	*op*	*ip*	*ep*	*ap*
Vr	*or*	*ir*	*er*	*ar*
Vs	*os*	*is*	*es*	*as*

Vt ot it et at
Vx ox ix ex ax
Vz oz iz ez az.

Septiesme arrangement.

uz ux ut us ur up
un um ul uk ug uf
ud uc ub

ob ox ot os or op
on om ol ok og of
od oc ob

iz ix it is ir ip in
im il ik ig if id ic
ib

Ez ex et es er ep
en em el ek eg ef ed
ec eb

Az ax at as ar ap an am al ag af ad ac ab

Syllabes de trois lettres.

Abs ebs ibs obs ubs

Amp emp imp omp ump

Anc enc inc onc unc

Ans ens ins ons uns

Ant ent int ont unt

Anx enx inx onx unx

Aph eph iph oph uph

Aps eps ips ops ups

Ars ers irs ors urs

Arx erx irx orx urx

Bab beb bib bob bub

Bac bec bic boc buc

Bad bed bid bod bud

B*af bef bif bof buf*

B*ag beg big bog bug*

B*al bel bil bol bul*

B*am bem bim bom bum*

Ban ben bin bon bun

Bap bep bip bop bup

Bar ber bir bor bur

Bas bes bis bos bus

Bat bet bit bot but

Bax bex bix box bux

Bla ble bli blo blu

Bra bre bri bro bru

Cab ceb cib cob cub

Cac cec cic coc cuc
Cad ced cid cod cud
Caf cef cif cof cuf
Cag ceg cig cog cug
Cal cel cil col cul
Cam cem cim com
cum

Can cen cin con cun
Cap cep cip cop cup
Car cer cir cor cur
Cas ces cis cos cus
Cat cet cit cot cut
Cau cax cex cix cox cux
Caz cez ciz coz cuz
Cha che chi cho chu
Cla cle cli clo clu
Cna cne cni cno cnu

Cra cre cri cro cru
Cta cte cti cto ctu.

Dab deb dib dob dub
Dac dec dic doc duc
Daf def dif dof duf
Dag deg dig dog dug
Dal del dil dol dul
Dam dem dim dom dum
Dan den din don dun
Dap dep dip dop dup
Dar der dir dor dur
Das des dis dos dus
Dat det dit dot dut
Dau dax dex dix dox dux
Dra dre dri dro dru

Fab feb fib fob fub
Fac fec fic foc fuc

Fad fed fid fod fud
Fag feg fig fog fug
Fal fel fil fol ful
Fam fem fim fom fum
Fan fen fin fon fun
Fap fep fip fop fup
Far fer fir for fur
Fas fes fis fos fus
Fat fet fit fot fut
Fau fax fex fix fox fux
Fla fle fli flo flu
Fra fre fri fro fru

Gab geb gib gob gub
Gac gec gic goc guc
Gad ged gid god gud
Gaf gef gif gof guf
Gal gel gil gol gul
Gam gem gim gom gum

Gan gen gin gon gun
Gap gep gip gop gup
Gar ger gir gor gur
Gas ges gis gos gus
Gat get git got gut
Gau gax gex gix gox gux
Gla gle gli glo glu
Gna gne gni gno gnu
Gra gre gri gro gru
Gua gue gui guo guu

Hab heb hib hob hub
Hac hec hic hoc huc
Had hed hid hod hud
Hal hel hil hol hul
Ham hem him hom hum
Han hen hin hon hun
Hap hep hip hop hup
Har her hir hor hur

Has hes his hos hus
Hat het hit hot hut
Hax hex hix hox hux

Iab jeb jib job jub
Iac jec jic joc juc
Iad jed jid jod jud
Jaf jef jif jof juf
Jag jeg jig jog jug
Jal jel jil jol jul
Jam jem jim jom jum
Jan jen jin jon jun
Jap jep jip jop jup
Jar jer jir jor jur
Jas jes jis jos jus
Jat jet jit jot jut
Jau jax jex jix jox jux

Kab keb kib kob kub

Kad ked kid kod kud
Kaf kef kif kof kuf
Kal kel kil kol kul
Kam kem kim kom kum
Kan ken kin kon kun
Kap kep Kip Kop Kup
Kar Ker Kir Kor Kur
Kas Kes Kis Kos Kus
Kat Ket Kit Kot Kut
Kau kax kex kix kox kux
Kaz kez Kiz Koz Kuz

Lab leb lib lob lub
Lac lec lic loc luc
Lad led lid lod lud.
Laf lef lif lof luf
Lag leg lig log lug
Lal lel lil lol lul
Lam lem lim lom lum

Lan len lin lon lun
Lap lep lip lop lup
Lar ler lir lor lur
Las les lis los lus
Lat let lit lot lut
Lau lax lex lix lox lux
Laz lez liz loz luz

Mac mec mic moc muc
Mad med mid mod mud
Maf mef mif mof muf
Mag meg mig mog mug
Mal mel mil mol mul
Mam mem mim mom mum
Man men min mon mun
Map mep mip mop mup
Mar mer mir mor mur
Mas mes mis mos mus
Mat met mit mot mut

Mau max mex mix mo[x]
mux

Maz mez miz moz mu[z]

Mna mne mni mno mnu

Nab neb nib nob nub

Nac nec nic noc nuc

Nad ned nid nod nud

Naf nef nif nof nuf

Nag neg nig nog nug

NaK neK niK noK nuK

Nal nel nil nol nul

Nam nem nim nom num

Nan nen nin non nun

Nap nep nip nop nup

Nar ner nir nor nur

Nas nes nis nos nus

Nat net nit not nut

Nau nax nex nix nox nux

Naz nez niz noz nuz

Pab peb pib pob pub
Pac pec pic poc puc
Pad ped pid pod pud
Paf pef pif pof puf
Pag peg pig pog pug
Pak pek pik pok puk
Pal pel pil pol pul
Pam pem pim pom pum
Pan pen pin pon pun
Pap pep pip pop pup
Par per pir por pur
Pas pes pis pos pus
Pat pet pit pot put
Pau pax pex pix pox pux
Paz pez piz poz puz
Pha phe phi pho phu
Pla ple pli plo plu

Pna pne pni pno pnu
Pra pre pri pro pru
Psa pse psi pso psu
Pta pte pti pto ptu

Qua que qui quo quu

Rab reb rib rob rub
Rac rec ric roc ruc
Raf ref rif rof ruf
Rag reg rig rog rug
Ral rel ril rol rul
am rem rim rom rum
Rap rep rip rop rup
Ras res ris ros rus
Rat ret rit rot rut
Rau rax rex rix rox rux
Raz rez riz roz ruz

Sab ſeb ſib ſob ſub

Sac ſec ſic ſoc ſuc

Sad ſed ſid ſod ſud

Saf ſef ſif ſof ſuf

Sag ſeg ſig ſog ſug

Sal ſel ſil ſyl ſol ſul

Sam ſem ſim ſom ſum

San ſen ſin ſyn ſon ſun

Sap ſep ſip ſop ſup

Sar ſer ſir ſor ſur

Sas ſes ſis ſos ſus

Sat ſet ſit ſot ſut

ſau ſax ſex ſix ſox ſux

Saz ſez ſiz ſoz ſuz

Tab teb tib tob tub

Tac tec tic toc tuc

Tad ted tid tod tud

Taf tef tif tof tuf

Tag teg tig tog tug
Tak tek tik tok tuk
Tal tel til tol tul
Tam tem tim tom tum
Tan ten tin ton tun
Tap tep tip top tup
Tar ter tir tor tur
Tas tes tis tos tus
Tat tet tit tot tut
Tau tax tex tix tox tux
Tha the thi tho thu
Taz tez tiz toz tuz
Tla tle tli tli tlo tlu
Tra tre tri tro tru

Vab veb vib vob vub
Vac vec vic voc vuc
Vad ved vid vod vud
Vaf vef vif vof vuf

Vag veg vig vog vug
Val vel vil vol vul
Vam vem vim vom vum
Van ven vin von vun
Vap vep vip vop vup
Var ver vir vor vur
Vas ves vis vos vus
Vat vet vit vot vut
Vau vax vex vix vox vux
Vaz vez yiz voz vuz

Xab xeb xib xob xub
Xac xec xic xoc xuc
Xad xed xid xod xud
Xaf xef xif xof xuf
Xag xeg xig xog xug
Xal xel xil xol xul
Xam xem xim xom xum
Xan xen xin xon xun

Xap xep xip xop xup
Xar xer xir xor xur
Xas xes xis xos xus
Xat xet xit xot xut
xaz xez xiz xoz xuz

Zab zeb zib zob zub
Zac zec zic zoc zuc
Zad zed zid zod zud
Zaf zef zif zof zuf
Zag zeg zig zog zug
Zal zel zil zol zul
Zam zem zim zom zum
Zan zen zin zon zun
Zap zep zip zop zup
Zar zer zir zor zur
Zas zes zis zos zus
Zat zet zit zot zut

Syllabes

Syllabes de quatre lettres.

Bans bens bins bons buns
bant bent bint bont bunt
Bars bers birs bors burs
Brac brec bric broc bruc
Bral brel bril brol brul
Bram brem brim brom brum
Bran bren brin bron brun
Bras bres bris bros brus
Brat bret brit brot brut
Brax brex brix brox brux

Calx cans cens cins cons cuns
Cant cent cint cont cunt
Cinc conc
Caps céps cips cops cups
Carp cerp cirp corp curp

Clam clem clim clom clum

Clan clen clin clon clun

Clap clep clip clop clup

Clar cler clir clor clur

Clas cles clis clos clus

Clat clet clit clot clut

Clau clax clex clix clox clux

Cnas cnes cnis cnos cnus

Cral crel cril crol crul

Cram crem crim crom crum

Cran cren crin cron crun

Crap crep crip crop crup

Cras cres cris cros crus

Crat cret crit crot crut

Crau crax crex crix crox crux

Cunç

Dans dens dins dons duns
Dant dent dint dont dunt
Drac drec drix droc druc
Dram drem drim drom drum
Dran dren drin dron drun
Drap drep drip drop drup
Dras dres dris dros drus
Drat dret drit drot drut
Drax drex drix drox drux

Fars fers firs fors furs
Fart fert firt fort furt
Flac flec flic floc fluc
Flam flem flim flom flum
Flan flen flin flon flun
Flas fles flis flos flus
Flat flet flit flot flut
Flax flex flix flox flux

Frac frec fric froc fruc
Fram frem frim from frum
Fran fren frin fron frun
Frap frep frip frop frup
Fras fres fris fros frus
Frat fret frit frot frut
Frau frax frex frix frox frux
Func

Gant gent gint gont gunt
Glam glem glim glom glum
Glan glen glin glon glun
Gnas gnes gnis gnos gnus
Gram grem grim grom grum
Gran gren grin gron grun
Gras gres gris gros grus
Grat gret grit grot grut
Grau grax grex grix grox grux

Hanc hinc hunc
Hant hent hint hont hunt

Lans lens lins lons luns
Lant lent lint lont lunt
Lanx lenx linx lonx lunx

Mans mens mins mons muns
Mnam mnen mnim mnon mnum

Nans nens nins nons nuns
Naph neph niph noph nuph

Paph peph piph poph puph
Phac phec phic phoc phuc
Phal phel phil phol phul
Pham phem phim phom

phum

Phan phen phin phon phun

Phar pher phir phor phur

Phas phes phis phos phus

Phat phet phit phot phut

Phax phex phix phox phux

Phta phte phti phto phtu

Plac plec plic ploc pluc

Plam plem plim plom plum

Plan plen plin plon plun

Plar pler plir plor plur

Plas ples plis plos plus

Plat plet plit plot plut

Plau plax plex plix plox plux

Pnau pneu

Prac prec pric proc pruc

Prag preg prig prog prug

Pral prel pril prol prul

Pram prem prim prom prum
Pran pren prin pron prun
Pras præs pres pris pros prus
Prat pret prit prot prut
Prax prex prix prox prux
Pſal pſel pſil pſol pſul
Ptas ptes ptis ptos ptus

Quæ quam quem quim quom quum
Quan quen quin quon quun
Qual quel quil quol quul
Quar quer quir quor quur
Quas ques. quis quos quus.
Quat quet quit quot quut
Quax quex quix quox quux

Rans rens rins rons runs
Rant rent rint ront runt

Sanc ſenc ſinc ſonc ſunc
Sans ſens ſins ſons ſuns
Sant ſent ſint ſont ſunt
Saph ſeph ſiph ſoph ſuph
Scam ſçem ſçim ſcom ſcum
Scan ſçen ſçin ſçon ſcun
Scas ſces ſcis ſcos ſcus
Smas ſmes ſmis ſmos ſmus
Smat ſmet ſmit ſmot ſmut
Spac ſpec ſpic ſpoc ſpuc
Spal ſpel ſpil ſpol ſpul
Spam ſpem ſpim ſpom ſpum
Span ſpen ſpin ſpon ſpun
Spar ſper ſpir ſpor ſpur
Spas ſpes ſpis ſpos ſpus
Spax ſpex ſpix ſpox ſpux

Stac ſtec ſtic ſtoc ſtuc
Stal ſtel ſtil ſtol ſtul
Stam ſtem ſtim ſtom ſtum
Stan ſten ſtin ſton ſtun
Stap ſtep ſtip ſtop ſtup
Star ſter ſtir ſtor ſtur
Stas ſtes ſtis ſtos ſtus
Stax ſtex ſtix ſtox ſtux

Tans tens tins tons tuns
Tant tent tint tont tunt
Tlas tles tlis tlos tlus
Tlam tlem tlim tlom tlum
Tlan tlen tlin tlon tlum
Trac trec tric troc truc
Tral trel tril trol trul
Tram trem trim trom trum
Tran tren trin tron trun
Trap trep trip trop trup

Trar trer trir tror trur
Tras tres tris tros trus
Trat tret trit trot trut
Trax trex trix trox trux
Tunc

Vram vrem vrim vrom vrum
Vran vren vrin vron vrun
Vras vres vris vros vrus
Vrat vret vrit vrot vrut
Vrax vrex vrix vrox vrux
Arbs erbs irbs orbs urbs

Syllables de cinq lettres.

Brans brens brins brons bruns
Brant brent brint bront brunt

Chram chrem chrim chrom chrum

Chran chren chrin chron chrun

Chras chres chris chros chrus

Chrat chret chrit chrot chrut

Clant clent clint clont clunt

Frans frens frins frons fruns Fraus

Glans glens glins glons gluns

Grant grent grint gront grunt

Phlax phlex phlix phlox phlux

Promp quans quant ſphin

ſplan ſplen ſquam ſquil
ſtans ſtens ſtins ſtons ſtuns
ſtant ſtent ſtunt ſtrac ſtrec
ſtric ſtroc ſtruc ſtram ſtrem
ſtrim ſtrom ſtrum
Stran ſtren ſtrin ſtron ſtrun
Strax ſtrex ſtrix ſtrox ſtrux

Thrax threx trans trens
trons truns trant trent trint
trunt.

Syllabes de ſix lettres.

Scrobs ſphinx ſtirps.

METHODE NOUVELLE,

POUR APPRENDRE aux enfants, à lire parfaitement bien le latin & le françois.

APPROUVE'E

PAR MESSIRE CLAUDE JOLY,
PRESTRE, DOCTEUR E'S DROITS,
CHANTRE ET CHANOINE
de l'Eglise Cathedrale & Metropolitaine de Paris, Collateur, Juge & Directeur des petites Escoles de la Ville, Cité, Université, Faux-bourgs & Banlieuë de Paris.

Et par tous les Messieurs Maistres en Charge & Anciens de la Communauté des Maistres d'Escole de Paris.

A PARIS,
Chez la Veuve de PIERRE LE MERCIER ;
ET
PIERRE AUGUSTIN LE MERCIER,
ruë Frementelle, au Petit-Corbeil,
prés le Puits - Certain.

M. DC. XCIV.
AVEC PRIVILEGE DU ROY.

Ce Livre separé se vend trois sols.

LEÇONS

DE LA

CINQUIESME CLASSE,

Pour apprendre aux enfants, à assembler & à prononcer les mots de deux syllabes.

Mots de deux syllabes de deux lettres chacun.

E a. e i. e o. i i.

Mots de deux Syllabes de trois lettres chacun.

A bi. a ca. a ci. a cu. a di. a ge. a gi. a go. a la. a le. a li. a lo. a ma. a mo. a nu. a ra. a ve. a vi. a vo.

Be a. be o.

Ci e. ci o. cu i.

De a. de i. de o. du o.

E am. e as. e at. e de. e di. e do. e is. e me. e mi. e mo. e or. e os. e um.

Fi o.

I bi. i bo. i ce. i ci. i co. i is. i ma. i me. i mi. i mo. i ra. i re. i ri. i ta. i te. i to.

Le a. le o. lu e. lu i. lu o.

Me a. *me i. me o.*

O bi. o le. o pe. o pi. o ra. o re. o ri. o ro.

Pi a. pi e. pi i. pi o.

Re a. re e. re i. re o. ru e. ru i. ru o.

Su a. ſu e. ſu i. ſu o.

Tu a. tu i. tu o.

V bi. u da. u de. u di. u do. vi a. u na. u ni. u no. u ti.

Mots de deux Syllabes de quatre lettres chacun.

Ab de. ab di. ab do. a cer. a cor.

a cre. a cri. ac ta. ac te. ac ti. ac to. a cum. a cus. ad de. ad di. ad do. a fer. a fra. a fri. a fro. a gam. a gar. a gas. a gat. a ger. a ges. a get. a gis. a git. a gon. a lam. a las. a lat. a les. a let. a lis. a lit. al ma. al me. al mi. al mo. al ta. al te. al ti. al to. a man. a mas. a mat. a mem. a men. a mes. a met. a mor. a num. a nus. a per. a pri. a pro. ap ta. ap te. ap ti. ap to. a qua. a ram. a ras. a rat. a rem. a res. a ret. ar gi. ar go. *ar te. ar ti. ar va. ar vi. ar vo. aſ ſe. aſ ſi. aſ ſo. aſ tu. a vem. a ves. a vis. a vos. a vus.*

Be as. be at. be em. be es. be et. be or. be ne. bi na. bi ne. bi ni. bi no. bo na. bo ne. bo ni. bo no. bo ve. bo vi. bo um.

Ca de. ca di. ca do. ca lo. ca pe. ca pi. ca po. ca ra. ca re. ca ri. ca ro. ca to. ce de. ce di. ce do. ce ra. ci bi. ci bo. ci ta. ci te. ci ti. ci to. co la. co le. co li. co lo. co ri. co ro. cu ba. cu bi. cu bo. cu de.

cu di. cu do. cu ra. cu ro. cu ſa. cu ſe. cu ſi. cu ſo.

Da bo. da pe. da pi. da ra. da te. da ti. da to. de as. de de. de di. de do. de is. de lo. de os. de um. di ca. di ci. di co. di xi. do la. do li. do lo. do ma. do mi. do mo. do na. do ni. do no. du as. du ce. du ci. du co. du os. du ra. du re. du ri. du ro.

Ec ce. e dam. e das. e dat. e des. *e det. e dis. e dit. e hem. e heu. e mam. e mas. e mat. e mes. e met. e mis. e mit. e nim. e qua. e qui. e quo. e ram. e ras. e rat. er ga. er go. e ris. e rit. er ro. eſ ca. eſ ſe. eu re. eu ri. eu ro.*

Fa ba. fa gi. fa go. fa ma. fa me. fa mi. fa na. fa ni. fa no. fa ve. fa vi. fa vo. fe le. fe li. fe ra. fe re. fe ri. fe ro. fi am. fi as. fi at. fi es. fi et. fi ge. fi gi. fi go. fi la. fi le. fi lo. fi mi. fi mo. fi ne. fi ni. fi xa. fi xe. fi xi. fi xo. flu e. flu i. flu o. fo ci. fo co. fo de. fo di. fru i. fu as. fu at. fu ci. fu co. fu di. fu ga. fu ge. ſu gi. ſu go. ſu ſa. ſu ſe. ſu ſi. ſu ſo.

Ga za. ge la. ge lo. ge lu. ge na. ge re. ge ri. ge ro. gu la.

Ha be. ha mi. ha mo. ha ra. he ra. he re. he ri. he ro. hi as. hi at. hi es. hi et. ho ra. hu ma. hu mi. hu mo.

Ja ce. i ber. i cis. i cit. ic ta. ic te. ic ti. ic to. i dem. i dus. i ens. ig ne. ig ni. il la. il le. il li. il lo. i mam. i mas. i mis. i mos. i mus. i mum. in de. in di. in do. jo ci. jo co. *i ram. i ras. i ris. iſ te. iſ ti. iſ to. ju ba. ju be. ju da. ju ga. ju ge. ju gi. ju go. ju no. ju ra. ju re. ju ri. ju ro. ju va. ju vi.*

La ba. la be. la bi. la bo. la ta. la te. la ti. la to. la xa. la xe. la xi. la xo. le ga. le ge. le gi. le go. le va. le ve. le vi. le vo. li ba. li bo. li en. li ga. li go. li ma. li me. li mi. li mo. li ra. li ta. li te. li ti. li vi. lo bi. lo bo. lo ca. lo ci. lo co. lu am. lu as. lu at. lu ce. lu ci. lu co. lu de. lu di. lu do. lu es. lu et. lu is. lu it. lu ſa. lu ſe. lu ſi. lu ſo. lu xa. lu xe. lu xi. lu xo. lu xu.

Ma gi. ma go. ma la. ma le. ma li. ma lo. ma ne. ma nu. me am. me as. me at. me di. me do. me is. me os. me ra. me re. me ri. me ro. mi ca. mi co. mi da. mi ra. mi re. mi ri. mi ro.

Na re. na ri. na ſe. na ſi. na ſo. na ta. na te. na ti. na to. na ve. na vi. ne xa. ne xe. ne xi. *ne xo. ni li. ni ſa. ni ſe. ni ſi. ni ſo. ni ſu. ni xa. ni xe. ni xi. ni xo.*

Ob de. ob di. ob do. oc to. o den. o des. ol la. ol li. o men. om ne. om ni. o nus. o pem. o pes. o pis. op ta. op to. o pus. or ſa. or ſe. or ſi. or ſo. or ta. or te. or ti. or to.

Pa ce. pa ci. pa co pa de. pa di. pa do. pa gi. pa go. pa ne. pa ni. pa li. pa lo. pa pa. pa ra. pa re. pa ri. pa ro. pa ti. pa ve. pe ra. pe te. pe ti. pe to. pi li. pi lo. pi ni. pi no. po mi. po mo. po ne. po ni.

po no. pu ra. pu to.

Ra na. ra pa. ra ſe. ra ſo. ra ta. ra to. re am. re ar. re ge. re go. re ri. ri de. ru ga.

Sa ba. ſa li. ſa ta. ſa to. ſa te. ſi ca. ſu am. ſu em. *ſu um.*

Ta be. ta bo. ta ce. ta gi. te ge. te go. ti ri. to ta.

Va da. va di. va go. va le. va ſi. va te. ve ho. ve xi. vi va. vi xi. vo ce. vo co. ur bi. uſ ſi. uſ ta. uſ ti. uſ to.

Mots de deux ſyllabes de cinq lettres chacun.

Ab bas. ab dam. ab dem. ab eſt. ab ſim. ab ſum. a crem. ac tas. ac tum. æ gras. æ gris. æ grum. æſ tus. æſ tum. a fram. a fros. a lant. al tis. al tum. a lent. a mans. a ment. an gat. a pris. ap tum. arc ti. ar cum. ar gus. ar mem. ar mis. aſ ſas. aſ ſum. aſ tus.

Ba ſim. be ans. be ent. bi mus. bi nas. bi nis. bi mum. bre ve.

bri to. bru ma. bru ta. buſ ti. bu xis. bu xum. ca bis. ca dam. ca dos. cal le. cal lo. ca pax. ca pra. cap te. cap to. car bo. car ni. car pe. ca rum. ca ſas. caſ ſi. cau da. cau ſa. cau ti. cel ſe. cer nó. cer ta. ci cer. clu ne. co gam. co get. co mem. co que. co quo. cor bi. cor de. co ris. cor ve. cre di. cro co. cru da. cru ra. cru re. cul pa. cul to. cu rem. cur ti.

Da bis. da mas. da nos. da pem. da res. da tis. de bes. de mus. dic ta. dig ne. dig no. di ris. diſ ce. diſ co. di tem. di vam. di vos. di xit. do las. do mem. do mos. dor mi. dra co. du cat. du cem. duc to. du ras. du xit.

Ec cam. ec cos. ec cum. ef for. emp ta. emp to. et nam. e rant. er rem. er ror. *eſ tis. eu ros.*

Fa bam. fa ces. fa gos. fa mem. fa xit. fe brim. fe lem. fe lix. fe rax. fer re. fer to. fi cus. fi dam. fi gas. fi lum. fin de. fi xam. fi xit. fo cum. fra ga. fre mo. fun da. fu rax. fur ca. fu ror. fur ti. fuſ ce.

Gal li. gaſ to. ge mas. ge ner. gen te. ge nus. ge ris. geſ te. gib be. gib bo. gig ni. gi rem. gi ros. gna ta. gna ti. gna to. gra du. gra to. gra va. gra vo. guſ ta. gut ta.

Ha bes. ha mis. ha res. ha las. ha lem. ha rum. haſ ce. he ris. he ros. hic ce. hi lum. hir ta. hoc ce. ho ras. hor re. hoſ ti.

Ic tam. ic tus. il lam. il los. im bri. in dam. in dex. in ter. in tro. ip ſas. ip ſus. iſ tis. i tans. Ja cob. Ja ſon. Je ſus. Jop pe. ju dex. ju gem. ju gum. jun go. jun xi. juſ te. jux ta.

La bes. la bri. lac te. la cus. læ dam. lar va. laſ ſo. la tet. la xam. lec ti. le gem. le vas. li bet. li bro. li ces. li ris. lo cus. lo tas. lu cem. lu xas. lu xus.

Ma cer. ma cri. mac te. ma des. ma gis. ma gum. ma jor. ma let. ma lus. mel li. meſ ſe. me tet. mi cam.

mil ve. mil vo. mi ror. miſ ce. mitti. mo rum. mor ſa. mor ſu. mo ſen. mo ves. mo vit. mu lam. mu nus. mu res. mu tat. mu tem.

Nac ta. nac ti. na nas. nan te. na ſis. na tus. na vas. na vem. na vis. nau ta. na vum. ne cem. nec te. ne dum. ne ges. ne xas. ne xum. ni dis. ni lus. ni xos. no bis. noc ti. noc tu. no lim. nol le. no ris. no rat. noſ ci. no tam. no vum. no vus. nu dos. nul lam. nul lis. nup ta. nup tu.

Ob dat. oc cas. oc cem. of fam. of fis. ol las. ol lis. om nem. op ret. o rans. or bem. or cum. or nis. or ſas. or tum.

Pa cat. pa cis. pa lam. pal la. *pa nem. pan ge. pan xi. pa rem. par ta. par ve. par vo. pa vet. pec ti. pe cus. pe xum. pe xus. pi lis. piſ ce. po mis. po nat. por co. por ro. poſ ci. pro co. pro me. pu bem. pu gil. pu lex. pu mex. pu tri.*

Qua le. qui vi. quo to.

Ra mum. ra nis. ra pax. ra rum. ra ſus. ra tos. rau ca. rau ci. rau co. rec ta. re gis. re pam. rep ſi. re xit. ri gem. ri pis. ri vos. ri vum. ro dis. ro gas. ro gem. ro gus. ro rat. ro rem. ro ſas. ro ſum. ru gem. ru pis. ru tas.

Sac ce. ſac co. ſa gum. ſa lis. ſal ſa. ſal ſo. ſa mum. ſa nes. ſa pis. ſa por. ſar ta. ſar to. ſa xis. ſa xum. ſe cum. ſe ges. ſe nas. ſe num. ſep ta. ſep ti. ſep to. ſe ram. ſe ros. ſer pe. ſer pi. ſer po. ſe rus. ſer va. ſer vi. ſer vo. ſex. ta. ſex te. ſex ti. ſex to. ſil va. ſil vi. ſi num. ſi tam. ſi tim. ſi tos. ſo cer. ſo las. ſo lem. ſol ve. ſol vi. ſol vo.

Ta bem̃. ta ces. ta gum. ta lis. ta lum. *ta men. tan gi. tec ta. tec ti. tec to. te get. tem ne. tem ni. tem no. te nes. te nor. ter ni. teſ ta. te tro. te xas. te xes. tex ta. tex tu. ti mos. tin ge. tin xi. tol le. to lus. ton de. to nis. to nus. tor na. tor no. tor va. tor ve. tor vi. tor vo. toſ te. toſ ti.*

to tam. to tos.

Va cas. va cat. va cem. va ces. va dam. va des. va dit. va fer. va fri. va fro. va gam. va ger. va gis. va gos. va gum. va gus. va les. va let. va lor. ve las. ve lat. ve lem. ve let. ve lis. ve lox. ve lum. ve ram. ve ras. ve ris. ve ros. ve ba. ver bi. ver bo. ver ge. ver go. ver na. ver ni. ver no. ver so. ver su. ver te. ver ti. ver to. ve rum. ve rus. vi bex. vi cis. vi cos vi cum. vi cus. vi des. vi det. vi dit. vi res. vi ris. *vi ros. vi rum. vi rus. vi sam. vi sat. vi sem. vi ses. vi sis. vi sos. vi sus. vi tam. vi tem. vi tes. vi tis. vit ta. vo bis. vo cem. vo ces. vo cis. vo lam. vo las. vo lis.*

Xan te. xan ti.

Ze lum. ze lus.

Mots de deux syllabes de six lettres chacun.

Ab dant. ab dunt. ab sens. ab

ſint. ab ſunt. ad dens. ad dent. ad ſint. al gens. al gent. an gens. an gunt. ap tans. ap tent. ar mans. ar mant. aſ ſans. aſ ſant. auc tam. auc tis. auc tum. au gent.

Bac cas. bac cis. bal bam. bar dis. bar dum. beſ ſus. bo tris. bru mam. bru tum. buc cam. buc cas. buc cis.

Ca nens. can tat. ca nunt. ca pras. cap tos. car nem. caſ ſis. cau tam. cer nas. cer tus. cra ter. cre bro. cru cem. cruſ ta. cul pem. cur tis.

Da bunt. dam nas. dan tem. dan tur. da rent. di cant. di cent. dig nas. dig nos. do cens. doc tis. dor mit. du cent. duc tos. du cunt.

Emp tam e mp tis. eſ ſent. ex tans. ex tent.

Fic tum. fi gunt. fin gat. fin xit. flu men. flu xit. for mas. for nax. for nix. for tes. fra cet. frac te. fran gi. fra ter. frau de. fren de. fre mam. fre tas. frigam. fri xit. ful get. ful ſit. fur nos. fur tum.

Gan ges. gau det. ge rens. ge runt. geſ tes. gra dum. gra tas. gra vem. gra vis. gur ges. guſ tem. guſ tus.

Hanc ce. hec tor. her bis. her nix. her pix. him nis. hir cos. hir tum. hiſ cas. hor res. hor ror. hor tos. hoſ tis. hunc ce.

Il linc. inſ tem. in tras. iſt mis. iſt mos. iſt mum. iſt mus. ja cent. jac tam. jac tus. Jo ſeph. ju bent. jun cis. junc to. jun cus. ju rans. jur gat. jur gem. juſ ſis. juſ tam.

Lac tem. lar gis. lar vas. lau det. lau ros. lau tos. lec tor. li cent. lic tor. lin cem. lit tus. lo cent. lon gus. lo quax. lo quor. luc tis. luſ tro.

Mag nes. mam mam. mam mis. man dem. man ſis. mel lis. mem bro. mem non. men tes. min gam. mir tus. miſ cet. miſ tus. mul tos. mun dem. mu tans.

Nar dum. nim pha. noſ ſem. nu bunt. nup tam. nu tent.

Ob dunt. obſ tat. of fers. or

bans. oſ tris.

Pac tum. pal las. pal mis. pan ges. par cit. par tus. par vos. paſ cet. paſ ſus. pa tens. po tens.

Qua dro. quar ta. quan to.

Ra dens. rap tus. rec tis. red dat. re gunt. ro gent. rum pis. rup tas.

Sal tem. ſca ber. ſca lam. ſcam no. ſce nam. ſciſ co. ſcro bi. ſcul po.

Ten tem. ter ras. te trum. tru dam. tru ſos. tun das. tun ſam. tun ſum. tur bam. tur bes. tur bis. tur cam. tur cas. tur cos. tur dis. tur dos. tur dum. tur dus. tur tur.

Vac cam. vac cis. val las. val lem. val les. val lum. vel lam. vel lem. vel lis. vo lans. vo lens. vo lent. vo lunt. vul tur.

Xiſ tum. xiſ tus.

Mots de deux ſyllabes de ſept lettres chacun.

Ad ſtans. ad ſtant. ad ſtent. arc tans. arc tant. arc tent.

Cal lens. cal lent. carp tus. cinc tam. *cinc tas. cinc tis. cinc tos. cinc tum. cinc tus. cin gens. cin gent. cin gunt. cres cam. cres cas. cres cat. cres ces. cres cet. cres cit. cul pans. cul pant. cul pent. cur rant. cur rens. cur rent.*

Dis cant. dis cens. dis cent.*

Fir mans. fir mant. fir ment. for mans. for ment. fre mens. fre ment. fre munt. fren des. fren det. ful gens. ful gent.

Gau dens. gau dent.

Haus tam. haus tas. haus tis. haus tum. haus tus.

Lan gues. lan guet. lin guam. lin guas. lin guis. lin quam. lin quas. lin quat. lin ques. lin quet. lin quis. lin quit.

Mor dens. mor dent. mul gens. mul gent.

Pel lens. pel lent. pel lunt. plan gam. plan gas. plan gat. plan ges. plan get. plan gis. plan git. plan gor. plan tam. plan tas. plan tis.

psal lam. psal las. psal lat. psal les. psal let. psal lis. psal lit. psal ten. psal tes. pun gant. pun gens. pun gent. pun gunt.

Sal tans. sal tant. sal tent. sanc tam. sanc tas. sanc tis. sanc tos. sanc tus. scri bam. scri bas. scri bat. scri bes. scri bet. scri bis. scri bit. *scrip ta. scrip te. scrip ti. scrip to. scro bem. scro bes. scro bis. ser pens. ser pent. ser punt. sig nans. sig nant. sig nent. spon dens. spon dent. spon sam. spon sas. spon sis. spon sos. spon sum. spon sus. ster nam. ster nas. ster nat. ster nes. ster net. ster nis. ster nit. stra tam. stra tas. stra tis. stra tos. stra tum. stra tus.*

Tem plis. tem plum. ter rens. ter rent. tor rens. tor rent. tra dens. tra dent. tra dunt. tra hens. tra hent. tra hunt. tru dens. tru dent. tru dunt.

Val lans. val lant. val lent. vel lens. vel lent. vel lunt. ver nans. ver nant. ver tant. ver tens. ver tent. ver tunt.

Mots de deux ſyllabes de huit Lettres chacun.

Clan gant. clan gens. clan gent. clan gunt. clau dant. clau dens. clau dent. clau dunt. creſ cant. creſ cens. creſ cent. creſ cunt.

Monſ tris. monſ trum.

Planc tum. planc tus. plan gant. plan gens. plan gent. plan gunt. *pſal lant. pſal lens. pſal lent. pſal lunt.*

Scal pant. ſcal pens. ſcal pent. ſcal punt. ſcri bant. ſcri bens. ſcri bent. ſcri bunt. ſcrip tam. ſcrip tas. ſcrip tis. ſcrip tos. ſcrip tum. ſcrip tus. ſcul pant. ſcul pens. ſcul pent. ſculp tam. ſculp tas. ſculp tis. ſculp tos. ſculp tum. ſculp tus. ſcul punt. ſpon dens. ſpon dent. ſtric tam. ſtric tas. ſtric tis. ſtric tos. ſtric tum. ſtric tus. ſtrin gam. ſtrin gas. ſtrin gat. ſtrin ges. ſtrin get. ſtrin gis. ſtrin git. ſtrin xit.

Mots de deux ſyllabes de neuf lettres chacun.

Clauſ tris. clauſ trum.
Monſ trans. monſ trant. monſ trent.
Plauſ tris. plauſ trum.
Strin gant. ſtrin gens. ſtrin gent. ſtrin gunt. tranſ tris.

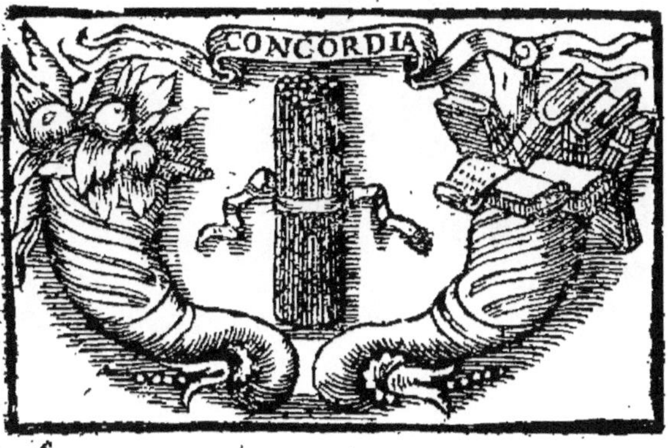

METHODE NOUVELLE,

POUR APPRENDRE aux enfants, à lire parfaitement bien le latin & le françois.

APPROUVÉE

PAR MESSIRE CLAUDE JOLY, PRESTRE, DOCTEUR E'S DROITS, CHANTRE ET CHANOINE de l'Eglise Cathedrale & Metropolitaine de Paris, Collateur, Juge & Directeur des petites Escoles de la Ville, Cité, Université, Faux-bourgs & Banlieuë de Paris.

Et par tous les Messieurs Maistres en Charge & Anciens de la Communauté des Maistres d'Escole de Paris.

A PARIS,
Chez la Veuve de PIERRE LE MERCIER;
ET
PIERRE AUGUSTIN LE MERCIER,
ruë Frementelle, au Petit-Corbeil,
prés le Puits-Certain.

M. DC. XCIV.
AVEC PRIVILEGE DU ROY.

Ce Livre separé se vend 2. sols. 6. deniers.

METHODE NOUVELLE,

POUR APPRENDRE aux enfants, à lire parfaitement bien le latin & le françois.

APPROUVE'E

PAR MESSIRE CLAUDE JOLY,
PRESTRE, DOCTEUR E'S DROITS,
CHANTRE ET CHANOINE
de l'Eglise Cathedrale & Metropolitaine de Paris ; Collateur, Juge & Directeur des petites Escoles de la Ville, Cité, Université, Faux-bourgs & Banlieuë de Paris.

Et par tous les Messieurs Maistres en Charge & Anciens de la Communauté des Maistres d'Escole de Paris.

Composée par M. SCIPION ROUX, Prestre, Docteur és Droits, & Maistre d'Escole à Paris.

A PARIS,
Chez la Veuve de PIERRE LE MERCIER, ruë Frementelle, au Petit-Corbeil, prés le Puits-Certain.
ET
Chez ANTOINE WARIN, ruë S. Jacques, prés la Fontaine S. Severin, au S. Scapulaire.

M. DC. XCIV.
AVEC PRIVILEGE DU ROI.

Ce Livre d'Alphabet se vend 3. sols.

LEÇONS DE LA QUATRIESME CLASSE,

POUR APPRENDRE AUX ENFANTS à assembler & à prononcer les mots de 3. 4. 5. 6. 7. 8. 9. 10. syllabes.

Mots de trois syllabes.

Domine lumina veniet habitat adóras gratiæ credébat tenebris voluntas procidunt veritas plorémus nolíte munera superi requiem tempora gentibus gloriam miseris.

Sæcula virgine quoniam vidébo tuórum digitus calamos visitas gladium domibus honóre regína populum principes patribus intende memores prospere impetus medio turbátæ.

Vidétis combúret vacáte diligis æternum montibus tollite calígo ſanctórum animam cantétis permanet martyres numeros terrárum immenſis peccátor unicum ſervaret formábit deſertis cælórum melior æternis ſolium levábo replétur multárum adjútor iníqua fuiſti currimus dirigis daniel angelos pruína glacies flumina volucrum pecora procellis manicas nobiles faciant virtútis tympani caſtrórum ubere flebili feneſtras januam locútis.

Paráre beáto lætátus omnium ubíque reſervat quæſumus conſervis meritum diſpóne perviis cadentes ſurrexit genitor bajulas viſcerum machina nuntians juraſti proximos fæcundis ſpiritu ſuſcipit pugillis fundétur eructo ſpeciem accinxit dexteræ veſtítum decótus fimbrias adjútis ſonuit virtútes ſuſcepto afferens nobiſcum exaltat ſcriptúris diffúſo gentibus affertur hoſtias corriget lætentur ſylvárum gauderent fulguris commóta inflammat,

Præcessit vidérunt fluxére sculptili audíret brachium corneæ cytharis psallite habitant cherubim prophétans benedic laudábis extolle pascua confundar seraphim præcinxit thalamum vindicas vulpium lactasti obstructum abstulit redemptis hominum erexit conscriptum plaudátis præímus genitrix juvante succurrat defunctus flagitent permanes dignétur gementem surgerent dulcédo convertens traditus cælites afflicto colaphis conspuunt clamitas triumphum jungitur.

Spinárum destruxit criminum diluens seduxit cedrórum expíres jacuit obscúris excelsa complentur salvátor agóni futúras obumbret adversis accendant resurgent monstrátus igneis cernentes charisma foveas iníque jurábant aspexit paucitas audíret manuum fundasti confuge disperdes vindicta baptismum constringit scabello confringis sacerdos erigat pauperes potestas pusillis stercora palpábunt.

Suſcitans vivimus inánem abraham dederas protector ſperábit incurſu flagellis dracóne protegam offendas noctibus dimittis aſpidem parávit vidimus gentium habitem inſigne miſtica certátim tabellæ ventúris furentum reflectens ſuccurrunt obſeſſa ruínas explétus ſcelerum abreptas ruentem cladibus immáne contortis exinde infauſta vetuſtos gallórum projice batavus experta ſaxonas horridi.

Jungerem proſtráta ſtridentem hactenus hoſtilis ſtrepitum fragóris percellet ſpatio disjécit artifex imprimis fixiſti nequicquam regnábit extrémum ſpectátas ductórem texeret cunctátor obſeſſam ingruet minervam acceſſu votórum excolit amplius grandia properant tuétur facilem offeret latiæ mirantur modeſtum poterant artibus redemptos ſolveres vinculum abnuat innocens accerſit pendéres quapropter exiens circumda ſcilicet perſequi concuſſum lectulis viciſſim pontifex.

Affecta ſtrinxerit maxime procédet reſciſſus ſaxonum tranſiens ſtephanum adoptans optimum inhient effúſas hiberno neſcítis ſitiens poſcendum dilecti cælitus contrahit fulgórem pererrans attamen auguſtos verendis proceres auráto vicínis euntem benignus foverit ſtipátus acceſſit themidis columen anteit inopum magiſtros incumbens ætátum reddita præcincti ſenior aggeſta numerans præſulis admittunt.

Ingenti miniſtrum ſpecie relinquat ardentes rapiunt heróas cavernis liliger abibit doctrinam turpárunt diſtincte conſperſas excelſo degener infúſas lapidem donandas detere ruperit horrida numeras angelis litium volúmen vitium correcti domantes licium demergit peccáti munere vicium perpetrans mendico confútat dormitem.

Mots de quatre ſyllabes.

Benedictus ſalutáris miſerére omnipotens redemptio commendámus hæreditas fugiámus pietátis principio valeámus veritátem juventúte ſæculórum michaélem lætabitur oratio ſuſcipitis confiteor voluntátem invocámus multiplica ſperantium amittátis quadraginta adorábunt eleváta inimícos cognoviſſent velociter introeant digitórum propterea accingere ſpecióſus benedícas juſtitiam diligétis conſortium.

Deaurátis concupiſcat adoraſti muneribus adduxerant refugium adjuváre conſtitúto timentium conturbáta transfereris civitátes inclináte prodigia exaltábor fundamenti babilónis æthiopes altiſſimus populóſa lætantium laudabilis univerſæ pulchritúdo judicábit circuitum correctio illuxerit ſimulácris adoráte dilexiſſet altiſſimos intercédet digniſſimus interventu.

Permeando muliebre venerátus poteſtátum confitentes majeſtáte prophetica ſuſceptúro laudabiles læderétur ſempiternum credentia redemiſſe pretióſis paracléto cuſtodíri quemadmodum venerandi liberátos ſempiternæ ſanctitúdo benedícunt inaquóſi permanſiſſe ignaviam repleátis matutína meditátur velamento quæſivére laudabilis unguentórum illumina ſacerdóti exaltáre glorióſo procellárum fructifera confeſſio eccleſias principii compedibus laudaveras ſuppliciis.

Viſitávit ſacrarium appellábis genitríci confidentes requiérunt temporibus dignemini recolitur nuntiantem peccatrícis perduxerit dulciſonis meruimus angelórum chariſſimos advocáti memorias lachrimóſa miſericordes mereremur inſtantia præparáti inimicos attuliſſe derelictus percutiunt adjuvandæ purpureum crucifiget ſaturáto contremuit tertiárum fortitúdo latronibus conclamátum excelſior.

Sepultúra ſalutátis canonicas tueámur obumbrátæ catholicis fidelium apoſtolos receſſére ſpiritális inflammantes ſeptiformem appellétis ſupergreſſi circumdedit cicatríces illuſio circumdanti configeret gradiámur confirmátum putruerint exaudítis audiébas commovébit detrahenti cogitábo manducantis diſceſſérunt miſerentis humilibus paucitátis diſcederent ſuſtineas copióſi munerantes humilium antiquórum archangeli operibus.

Propitiis nicoláo myſterium jejunii ſeniores indulgentis chriſtiános animárum optaviſtis perſecúti magdalénæ conſectantem luciferum quaſſabitur exquiſiſti timentium miſerátis odibiles teſtamento laudarétur divitiis filiórum miſereat exultiábis potentiæ ambulávi protectórem deponite venantibus poſuére abſconditas celerátum polluámur amabili nobilitas heroibus artificum formaverit ſpectacula cæleſtibus metuendi penetráret animáli.

Monumenta athletárum primoribus probitáte oracula sydereos imitátus nobilium facundia vivacior decorávit triumphátis assertóres desidie terrificis atrocibus inflexére invidiam incremento indotátus enutriit clarissima deleverit carminibus ostendere perennior marmoribus spectacula æternális increpitet desolátæ omnigenum revocáti cohibéret cacumina tutaberis sacrilegas meminisse debuerat feracibus discriminat infantia communibus.

Deficiant debitórem invaserant interritos domitóris succensébit fragoribus implorátur accensúras tranquillita metuendo melióris hostilium sollicitas indicitur domináris contudisset brevióres circumtulit compositum vectigális occurrere superaddens præcipitem innumeris improvisi recusábit ambiguos devoverat indefesso fulmineus accommodas amabile ingruente victricia cecropias horroribus expertúro bellantium renuentes silentii caliginis cingerétur aſtrifera formidáti plurimórum potuérunt leviſſimas aliórum.

Mots de cinq ſyllabes.

Temporalia teſtimonium tentatiónis deſiderátus admirabilem audiebátis inimicórum directiónis delectaviſſent mirabiliter iniquitátes varietáti deprecabere circumamicto confitebuntur fortitudine tabernaculum commovebitis conſcientiam ſanctificáret habitatio annuntiáte mirabilia interemiſti exultatio longitudinis profiteátur benedicite.

Germinantium junioribus dinumeráte multitudini beatiſſimam remiſſióne redemptiónem illuminábit inebriábis intercedendo patrocinii gloriabitur apoſtolicas defenſióne dilectiſſimus proſperitáte inviolàti lætificantem virginitátis perſequimini habitaculum nuntiaverint adjutorii peccatoribus ludificátos prædicavérunt.

Memoriále ingrediébar compe-ditórum declinabitur opertorio æ-dificávit oratiónis ſuſtinuero deſ-cendentibus cataractárum miſere-buntur humilitátem evangeliſtæ reminiſcantur nobiliſſima interce-dite chriſtianórum feliciſſimus aſ-cenſióne apoſtolicas indulgentiam humiliáre facientibus exaltabitis eſurienti exprobraviſſent mulieri-bus compungebámur ſingulariter iraſcebáris protectióni appropin-quante patrociniis conſiderétur me-ridiánas expectantibus.

Continentiam longitudinis benedi-cátis honorabile devotiónem patriar-chárum præclariſſimis ſapientiæ apol-lineas prudentiſſimi requieſcámus inſ-trumentórum terribiliter erumpentia immaculátus imperiórum propugna-culis ſuperadditi dominatóres impen-dentibus obſcurabuntur vectigalia magnificátos meminiſſémus exſaturáre amicitias individuam commemorárunt aſſurgentibus exemplaria.

Illustriórem honestissimi præterierat honorificam doctissimórum despectióne numerosior breviaberis argumentórum nobilitáto circumdantia observavissent personaliter invocavero multiplicátur ambulaverit patientium iniquissimos conceptióne impietáti irritaverint retrograditur originálem ressuscitáre coagulátis innocentiæ refectiónis visitatio ignorantias requirentibus demorabitur hæreditáte manifestábunt multiplicáta tribulantium.

Insurrexeras constituisti immutatio oblatiónem revereantur confusiónes intorquebitis debilitátos pretiosior voluptatibus audiissétis amaritúdo confutabitur intumescétis honorabilem indoctissimo pollicentibus amaremini societáte sceleratórum perditissimi propugnavisti infidelibus contamináttos disturbabitur consiliórum iniquissima periissémus innocentius insolescentem feracissima brevioribus testudinea.

Mots de six syllabes.

Exultatiónis misericordiam attenuabitur cogitatiónes retribuentium amaritudine intolerabilis justificabitur maleficiórum appropinquavissent congregatióne illuminamini consolatiónem habitatiónis miseratiónes inferioribus honorificáto multiplicabitis sanctificatio magnificentiæ increpatiónes multiplicavimus jubilatiónem communicavistis iniquitatibus incarnatiónem indignatiónis ineffabiliter.

Obligatiónes ædificaverit participatio intercessióni deprecatiónem necessitatibus appropinquavérunt superexaltétis inspiratióne gloriosissimo impossibilium solemnitatibus custodiebántur benedictiónis annuntiaveris tentationibus satisfactiónem venerabilibus præordinavisset tabernaculórum justificantibus inveteraveras desolatario humiliavistis illusionibus.

Redargutiónes manifestaverit invocaverátis benefactoribus adolescentiæ extenuabitur inferioribus magnificentiam adolescentuli benesonantibus generatiónes promissionibus communicatio nabuchodonosor peramariórem constantinopolis munificentias consummatiónem adoratiónis sanctificaverint ecclesiasticas adinventiónum similitudines indigueritis communicantium cognominabátur excusatiónis convenientibus consanguinitátem.

Reprehensibile supellectilibus consanguineórum alleviabitur necessitudinis inseparabilem reconciliári archidiaconus benevolentiam conciliaveras concionatórem ædificavisti interrogatio ignoraverámus aurelianense instituissétis tribulatiónum egrediemini commoratióne præterveherémur internecióni remuneravimus genealogia burgundionibus evigilaverit orationibus consummatiónis vehementissimos argentomagenses inseparabili.

inexcusabiles scatutientibus ingrediebámur deprædatiónem sapientissime retractatióni interficiébant eruditissimo octingentesimum consuetudinis septuagesimi renuntiarétis coinquinavérunt assurrexerimus recitatiónem existimabitis nonagenaria invocatióni supercælestia consubstantiálem apparuerimus patientissimo archiepiscopi salutatióne.

Indissolubiles epithalamium existimabitis commemoraverit incirconcisórum inæstimabilis accusatióne amaritudinem adhortatióni diocletiáno quaternionibus autissiodóri negotiatóres terribiliórem coangustarentur interpretativa declaratiónis baptisabimini executiónem consumptibilium diminutiónis improbabiliter.

Mots de sept syllabes.

Commemoratióne satisfactionibus misericordiárum justificatiónis consolationibus exacerbatióne redargutionibus sanctificatiónem generationibus reconciliavissent cogitationibus religiosióres nabuchodonosorem amaritudinibus constantinopoleos peracerbioribus magnificentiórem sanctificaverátis ecclesiasticórum deprecationibus dissimilitudines ædificatiónis inseparabilitas oblectationibus.

Reconciliatio augustodunensium administratióne supplicationibus periculosiórem opportunitatibus magnificentióri aurelianensium peregrinatióne inimicitiárum insidiatoribus renuntiavissétis munificentissima patientissimórum commemoraverimus intelligentiárum animadverteritis transfiguratiónes inconsiderantiam familiarissimi assentatiunculas.

Communicatióne proficiſcebamini interficientium puſillanimitátem concelebraveritis perſuaſibilibus ſapientiſſimórum conſanguinitatibus archiepiſcopátum contumelioſior contemplationibus veriſimilitúdo vituperatiónis inebriabimini exercitatiſſimus expoliaveritis prævaricatiónem animadverſióne nabuchodonoſoris interficiebátur experientiſſimo eruditiſſimórum alienigenárum flagitioſiſſima prænuntiaverátis contaminatiónem.

Præpotentiſſimórum incomprehenſibile multiplicaviſſétis vehementiſſimórum ſcandaliſaverimus circumſpicientium incorruptibilius communicaveritis inconſideratius incommodatióne peropportuniſſimum beneficentiſſimo depopulatióni inexplicabilia inſaturabilibus inexercitatórum excommunicatio probabilioribus nominatiſſimórum abſolutionibus hiſtoriographórum conſuetudinibus diſſimilitudines declarationibus.

Mots de huit syllabes.

Constantinopolitánæ reconciliatiónem commemorationibus beneficentissimórum justificationibus adrianopolitánas honorificentissimis reædificatiónem dissimilitudinibus inseparabilitátis administrationibus indissolubilitátem periculosissimórum excommunicatiónis familiarissimórum contumeliosióre verisimilitudini exercitatissimórum incomprehensibilia irrationabilium incorruptibilióris inconsideratiónem.

Depopulationibus similitudinariam benevolentissimórum abominationibus adolescenturivérunt accelerationibus ædificatiunculis æquiparationibus honorificentióri æquilatationibus breviloquentissimórum astipulationibus circumaggeravissétis appropinquinationibus circumambulaveritis autissiodorensibus circumaspicientium anticipationibus circumspicientiárum.

Assimulationibus circumvolitavissétis superædificavissent collabefactaveritis collacrimationibus comperendinavissétis conciliationibus consuefacientium internidificabitur consocionationibus superimposueritis consalutationibus superstitiosióres congeminationibus superinjicientium conduplicationibus superlacrimavissétis.

Mots de neuf syllabes.

Constantinopolitanórum indissolubilitatibus perhonorificentissimis contumeliosioribus inconsideratissimórum excommunicationibus ædificatiunculárum reconciliationibus internidificavissétis superstitiosioribus adrianopolitanórum honorificentioribus inevercitatissimórum permagnificentissimórum.

Mots de dix syllabes.

Perhonorificentissimórum,
Perhonorificentioribus.

METHODE NOUVELLE,

POUR APPRENDRE aux enfants, à lire parfaitement bien le latin & le françois.

APPROUVE'E

PAR MESSIRE CLAUDE JOLY, PRESTRE, DOCTEUR E'S DROITS, CHANTRE ET CHANOINE de l'Eglise Cathedrale & Metropolitaine de Paris, Collateur, Juge & Directeur des petites Escoles de la Ville, Cité, Université, Faux-bourgs & Banlieuë de Paris.

Et par tous les Messieurs Maistres en Charge & Anciens de la Communauté des Maistres d'Escole de Paris.

Composée par M. SCIPION ROUX, Prestre, Docteur és Droits, & Maistre d'Escole à Paris.

A PARIS,
Chez la Veuve de PIERRE LE MERCIER, ruë Frementelle, au Petit-Corbeil, prés le Puits-Certain.
ET
ANTOINE WARIN, ruë S. Jacques, prés la Fontaine S. Severin, au S. Scapulaire.

M. DC. XCIV.
AVEC PRIVILEGE DU ROI.

Ce Livre d'Alphabet se vend 2. sols.

LEÇONS

DE LA

SEPTIESME CLASSE,

Pour apprendre aux enfants, à connoiſtre & à prononcer les Lettres.

PREMIER ALPHABET des Lettres minuſcules romaines.

Premier arrangement des Lettres par l'Alphabet ordinaire.

a b c d e f g h
i j k l m n o p
q r s ſ t u v x
y z.

a b c d e f g h
i j k l m n o p
q r s ſ t u v x
y z.

a b c d e f g h
i j k l m n o p
q r s ſ t u v x
y z.

a b c d e f g h
i j k l m n o p
q r s ſ t u v x
y z.

a b c d e f g h
i j k l m n o p
q r s ſ t u v x
y z.

a b c d e f g h
i j k l m n o p
q r s ſ t u v x
y z.

a b c d e f g h
i j k l m n o p
q r s ſ t u v x
y z.

Second arrangement à rebours.

z y x v u t ſ s r q p

METHODE NOUVELLE,

POUR APPRENDRE aux enfants, à lire parfaitement bien le latin & le françois.

APPROUVÉE

PAR MESSIRE CLAUDE JOLY, PRESTRE, DOCTEUR E'S DROITS, CHANTRE ET CHANOINE de l'Eglise Cathedrale & Metropolitaine de Paris, Collateur, Juge & Directeur des petites Escoles de la Ville, Cité, Université, Faux-bourgs & Banlieuë de Paris.

Et par tous les Messieurs Maistres en Charge & Anciens de la Communauté des Maistres d'Escole de Paris.

Composée par M. SCIPION ROUX, Prestre, Docteur és Droits, & Maistre d'Escole à Paris.

A PARIS,
Chez la Veuve de PIERRE LE MERCIER, ruë Frementelle, au Petit-Corbeil, prés le Puits-Certain.
ET
Chez ANTOINE WARIN, ruë S. Jacques, prés la Fontaine S. Severin, au S. Scapulaire.

M. DC. XCIV.
AVEC PRIVILEGE DU ROY.

Ce Livre se vend 5. sols.

Psalmus 110.

Confitébor tibi Domine in toto corde meo : in consilio justórum & congregatióne.

Magna opera Domini : exquisita in omnes voluntátes ejus.

Confessio & magnificentia opus ejus : & justitia ejus manet in sæculum sæculi.

Memoriam fecit mirabilium suórum misericors & miserátor Dominus : escam dedit timentibus se.

Memor erit in sæculum testamenti sui : virtútem operum suórum annuntiábit populo suo.

Ut det illis hæreditátem gentium : opera manuum ejus veritas & judicium.

Fidelia omnia mandáta ejus , confirmáta in sæculum sæculi : facta in veritáte & æquitáte.

Redemptiónem misit populo suo : mandávit in æternum testamentum suum.

Sanctum & terribile nomen ejus : initium sapientiæ timor Domini.

Intellectus bonus omnibus facientibus eum : laudatio ejus manet in sæculum sæculi.

Gloria Patri , & Filio , &c.

Ant. *Fidelia omnia mandáta ejus , confirmáta in sæculum sæculi.*

Ant. Qui timet Dominum.

PSALMUS III.

BEátus vir qui timet Dominum : in mandátis ejus volet nimis.

Potens in terra erit ſemen ejus : generatio rectórum benedicétur.

Gloria & divitiæ in domo ejus : & juſtitia ejus manet in ſæculum ſæculi.

Exortum eſt in tenebris lumen rectis, miſericors & miſerátor & juſtus.

Juçundus homo qui miſerétur & commodat, diſpónit ſermónes ſuos in judicio : quia in æternum non commovebitur.

In memoria æterna erit juſtus : ab auditióne mala non timébit.

Parátum cor ejus ſperáre in Domino, confirmátum eſt cor ejus : non commovebitur donec deſpiciat inimícos ſuos.

Diſperſit dedit pauperibus, juſtitia ejus manet in ſæculum ſæculi : cornu ejus exaltabitur in gloria.

Peccátor vidébit & iraſcétur, dentibus ſuis fremet & tabeſcet : deſiderium peccatórum períbit.

Gloria Patri, & Filio, &c.

Ant. Qui timet Dominum : in mandátis ejus volet nimis.

Ant. Sit nomen Domini.

METHODE NOUVELLE.

POUR APPRENDRE aux enfants, à lire parfaitement bien le Latin & le François.

SUITE DE LA SECONDE PARTIE.

LEÇONS DE LA TROISIE'ME CLASSE,

Pour apprendre aux enfants, à prononcer deux & trois mots latins à la fois.

DEUX MOTS A LA FOIS.

Dominicâ ad Vesperas. Pater noster. Ave.

DEus in adjutorium meum intende: Domine ad adjuvandum me festina. Gloria Patri & Filio & Spiritui sancto:

Sicut erat in principio, & nunc, & semper, & in sæcula sæculórum. Amen. Alleluia.

Ant. Dixit Dominus.

PSALMUS 109.

DIXIT Dominus Domino meo: sede à dextris meis.

Donec ponam inimícos tuos: scabellum pedum tuórum.

Virgam virtútis tuæ emittet Dominus ex Sion: domináre in medio inimicórum tuórum.

Tecum principium in die virtútis tuæ, in splendoribus sanctórum: ex utero ante luciferum genui te.

Jurávit Dominus, & non pœnitébit eum: Tu es Sacerdos in æternum secundùm ordinem Melchisedech.

Dominus à dextris tuis: confrégit in die iræ suæ Reges.

Judicábit in nationibus implébit ruínas: conquassábit capita in terra multórum.

De torrente in via bibet: propterea exaltábit caput.

Gloria Patri, & Filio, &c.

Ant. Dixit Dominus Domino meo; sede à dextris meis.

Ant. Fidelia.

NOUVELLE.

PSALMUS 110.

CONfitébor tibi Domine in toto corde meo : in consilio justórum & congretióne.

Magna opera Domini : exquisita in omnes voluntátes ejus.

Confessio & magnificentia opus ejus : & justitia ejus manet in sæculum sæculi.

Memoriam fecit mirabilium suórum misericors & miserátor Dominus : escam dedit timentibus se.

Memor erit in sæculum testamenti sui : virtútem operum suórum annuntiábit populo suo.

Ut det illis hæreditátem gentium : opera manuum ejus veritas & judicium.

Fidelia omnia mandáta ejus, confirmáta in sæculum sæculi : facta in veritáte & æquitáte.

Redemptiónem misit Dominus populo suo : mandávit in æternum testamentum suum.

Sanctum & terribile nomen ejus : initium sapientiæ timor Domini.

Intellectus bonus omnibus facientibus eum : laudatio ejus manet in sæculum sæculi.

Gloria Patri, & Filio, &c.

Ant. *Fidelia omnia mandáta ejus, confirmáta in sæculum sæculi.*

Ant. Qui timet Dominum.

PSALMUS III.

BEátus vir qui timet Dominum : in mandátis ejus volet nimis.

Potens in terra erit semen ejus : generatio rectórum benedicétur.

Gloria & divitiæ in domo ejus : & justitia ejus manet in sæculum sæculi.

Exortum est in tenebris lumen rectis : misericors & miserátor & justus.

Jucundus homo qui miserétur & commodat, dispónit sermónes suos in judicio : quia in æternum non commovebitur.

In memoria æterna erit justus : ab auditióne mala non timébit.

Parátum cor ejus speráre in Domino, confirmátum est cor ejus : non commovebitur donec despiciat inimícos suos.

Dispersit dedit pauperibus, justitia ejus manet in sæculum sæculi : cornu ejus exaltabitur in gloria.

Peccátor vidébit & irascétur, dentibus suis fremet & tabescet : desiderium peccatórum peribit.

Gloria Patri, & Filio, &c.

Ant. Qui timet Dominum : in mandátis ejus volet nimis.

Ant. Sit nomen Domini.

PSALMUS 112.

LAudáte pueri Dominum: laudáte nomen Domini.
Sit nomen Domini benedictum: ex hoc nunc & usque in sæculum.
A solis ortu usque ad occásum: laudabile nomen Domini.
Excelsus super omnes gentes Dominus: & super cælos gloria ejus.
Quis sicut Dominus Deus noster, qui in altis habitat: & humilia respicit in cælo & in terra.
Suscitans à terra inopem: & de stercore erigens pauperem.
Ut collocet eum cum principibus: cum principibus populi sui.
Qui habitáre facit sterilem in domo: matrem filiórum lætantem.
Gloria Patri, & Filio, &c.

PSALMUS 113.

IN exitu Israël de Ægypto: domus Jacob de populo barbaro.
Facta est Judæa sanctificatio ejus: Israël potestas ejus.
Mare vidit & fugit: Jordánis conversus est retrorsum.
Montes exultavérunt ut arietes: & col-

les sicut agni ovium.
Quid est tibi mare, quod fugísti : & tu Jordánis, quia conversus es retrorsum?
Montes exultastis sicut arietes : & colles sicut agni ovium.
A facie Domini mota est terra : à facie Dei Jacob.
Qui convertit petram in stagna aquárum : & rupem in fontes aquárum.
Non nobis, Domine, non nobis : sed nomini tuo da gloriam.
Super misericordia tua & veritáte tua : nequando dicant gentes, Ubi est Deus eórum.
Deus autem noster in cælo : omnia quæcumque voluit fecit.
Simulácra gentium argentum & aurum : opera manuum hominum.
Os habent & non loquentur : oculos habent, & non vidébunt.
Aures habent, & non audient : nares habent & non odorábunt.
Manus habent & non palpábunt, pedes habent & non ambulábunt : non clamábunt in gutture suo.
Similes illis fiant qui faciunt ea : & omnes qui confídunt in eis.
Dominus Israël sperávit in Domino : adjutor eórum & protector eórum est.
Domus Aáron sperávit in Domino : ad-

jútor eorum & protector eórum est.
Qui timent Dominum, speravérunt in Domino : adjútor eorum & protector eórum est.
Dominus memor fuit nostri : & benedixit nobis.
Benedixit domui Israël : benedixit domui Aáron.
Benedixit omnibus qui timent Dominum : pusillis cum majoribus.
Adjiciat Dominus super vos : super vos, & super filios vestros.
Benedicti vos à Domino : qui fecit cœlum & terram.
Cœlum cœli Domino : terram autem dedit filiis hominum.
Non mortui laudábunt te Domine : neque omnes qui descendunt in infernum.
Sed nos qui vivimus, benedicimus Domino : ex hoc nunc & usque in sæculum.
Gloria Patri, & Filio, &c.
Ant. Nos qui vivimus, benedicimus Domino.

CAPITULUM.

Benedictus Deus, & Pater Domini nostri Jesu Christi, Pater misericordiárum & Deus totius consolatiónis qui consolátur nos in omni tribulatióne nostra.
℞. *Deo gratias.*

℣. *Dirigátur Domine oratio mea.*
℟. *Sicut incensum in conspectu tuo.*

Canticum beátæ Maríæ Virginis.

MAgnificat anima mea Dominum.
Et exultávit spiritus meus : in Deo salutári meo.
Quia respexit humilitátem ancillæ suæ : ecce enim ex hoc beátam me dicent : omnes generatiónes.
Quia fecit mihi magna qui potens est : & sanctum nomen ejus.
Et misericordia ejus à progenie in progenies : timentibus eum.
Fecit potentiam in brachio suo : dispersit superbos mente cordis sui.
Deposuit potentes de sede : & exaltávit humiles.
Esurientes implévit bonis : & divites dimisit inánes.
Suscépit Israël puerum suum : recordátus misericordiæ suæ.
Sicut locútus est ad Patres nostros : Abraham & semini ejus in sæcula.
Gloria Patri & Filio , &c.

AD COMPLETORIUM.

COnverte nos Deus salutáris noster.
Et averte iram tuam à nobis.
Deus in adjutorium meum intende.
Domine ad adjuvandum me festína.
Gloria Patri , & Filio , &c.

Ant. Miserére.

PSALMUS 4.

CUm invocárem exaudívit me Deus justitiæ meæ : in tribulatióne dilatasti mihi.

Miserére mei ; & exaudi oratiónem meam.

Filii hominum usquequò gravi corde? ut quid diligitis vanitátem, & quæritis mendacium ?

Et scitóte quoniam mirificávit Dominus sanctum suum : Dominus exaudiet me cum clamavero ad eum.

Irascimini, & nolíte peccáre : quæ dicitis in cordibus vestris, in cubilibus vestris compungimini.

Sacrificáte sacrificium justitiæ, & speráte in Domino : multi dicunt, quis ostendit nobis bona.

Signátum est super nos lumen vultus tui Domine : dedisti lætitiam in corde meo.

A fructu frumenti vini & olei sui : multiplicáti sunt.

In pace in idipsum : dormiam & requiescam.

Quoniam tu Domine, singulariter in spe, constituisti me.

Gloria Patri, & Filio, &c.

PSALMUS 30.

IN te Domine ſperávi non confundar in æternum : in juſtitia tua libera me.

Inclina ad me aurem tuam : accelera ut eruas me.

Eſto mihi in Deum protectórem & in domum refugii : ut ſalvum me facias.

Quoniam fortitúdo mea, & refugium meum es tu : & propter nomen tuum dedúces me, & enutries me.

Edúces me de laqueo hoc quem abſcondérunt mihi, quoniam tu es protector meus.

In manus tuas commendo ſpiritum meum : redemiſti me Domine Deus veritátis.

Gloria Patri, & Filio, &c.

PSALMUS 90.

QUi habitat in adjutorio Altiſſimi : in protectióne Dei cœli commorabitur.

Dicet Domino, ſuſceptor meus es tu, & refugium meum : Deus meus ſperábo in eum.

Quoniam ipſe liberávit me de laqueo venantium : & à verbo aſpero.

Scapulis ſuis obumbrábit tibi : & ſub pennis ejus ſperábis.

Scuto circumdabit te veritas ejus : non timébis à timóre nocturno.

A ſagitta volante in die, à negotio perambulante in tenebris : ab incurſu &

dæmonio meridiáno.
Cadent à latere tuo mille, & decem millia à dextris tuis : ad te autem non appropinquábit.
Verumtamen oculis tuis conſiderábis : & retributiónem peccatórum vidébis.
Quoniam tu es Domine ſpes mea : altiſſimum poſuiſti refugium tuum.
Non accédet ad te malum : & flagellum non appropinquábit tabernaculo tuo.
Quoniam Angelis ſuis mandávit de te : ut cuſtodiant te in omnibus viis tuis.
In manibus portábunt te : ne fortè offendas ad lapidem pedem tuum.
Super aſpidem & baſiliſcum ambulábis : & conculcábis leónem & dracónem.
Quoniam in me ſperávit, liberábo eum : protegam eum, quoniam cognóvit nomen meum.
Clamábit ad me, & ego exaudiam eum : cum ipſo ſum in tribulatióne : eripiam eum & glorificábo eum.
Longitudine diérum replébo eum : & oſtendam illi ſalutáre meum.
Gloria Patri, & Filio, &c.

PSALMUS 133.

Ecce nunc benedicite Dominum : omnes ſervi Domini.
Qui ſtatis in domo Domini ; in atriis domus Dei noſtri.

In noctibus extollite manus vestras in sancta : & benedicite Dominum.

Benedicat tibi Dominus ex Sion : qui fecit cælum & terram.

Gloria Patri, & Filio, &c.

Ant. Miserére mei Domine, & exaudi oratiónem meam.

CAPITULUM.

TU autem in nobis es Domine, & nomen sanctum tuum invocátum est super nos ne derelinquas nos Domine Deus noster. ℟. Deo gratias.

℟. In manus tuas Domine : commendo spiritum meum. In manus.

℣. Redemisti nos Domine Deus veritátis. Commendo spiritum meum.

Gloria Patri, & Filio, &c. In manus.

℣. Custódi nos Domine, ut pupillam oculi.

℟. Sub umbra alárum tuárum protege nos.

Ant. Salva nos.

CANTICUM SIMEONIS.

N*Unc dimittis servum tuum, Domine : secundùm verbum tuum in pace.*

Quia vidérunt oculi mei : salutáre tuum.

Quod parasti : ante faciem omnium populorum.

Lumen ad revelatiónem gentium : & gloriam plebis tuæ Israël.

Gloria Patri, & Filio, &c.

Ant. Salva nos Domine vigilantes : custódi nos dormientes, ut vigilémus cum Christo, & requiescámus in pace.

MIsereátur nostri omnipotens Deus, & dimissis peccátis nostris perdúcat nos ad vitam æternam. Amen.

INdulgentiam, absolutiónem & remissiónem omnium peccatórum nostrórum tribuat nobis omnipotens & misericors Dominus. Amen.

℣. Dignáre Domine nocte ista.
℟. Sine peccáto nos custodíre.
℣. Miserére nostri Domine.
℟. Miserére nostri.
℣. Fiat misericordia tua Domine super nos.
℟. Quemadmodum speravimus in te.
℣. Domine exaudi oratiónem meam.
℟. Et clamor meus ad te veniat.

OREMUS.

VIsita quæsumus Domine habitatiónem istam, & omnes insidias inimíci ab ea longè repelle, Angeli tui sancti habitent in ea : qui nos in pace custodiant & benedictio tua sit super nos semper. Per Dominum nostrum, &c.

Ant. De beáta.

AD DEVOTIONEM.

SAlve Regina Mater misericordiæ, vita dulcédo & spes nostra salve. Ad te clamámus exules filii Evæ. Ad te suspirámus gementes & flentes in hac lacrimárum valle. Eia ergo Advocáta nostra, illos tuos misericordes oculos ad nos converte. Et Iesum benedictum fructum ventris tui, nobis post hoc exilium ostende. O clemens, ô pia, ô dulcis Virgo Maria.

℣. *Ora pro nobis sancta Dei genitrix.*

℟. *Ut digni efficiámur promissionibus Christi.* OREMUS.

OMnipotens sempiterne Deus, qui gloriósæ Virginis Matris Maríæ corpus & animam, ut dignum Filii tui habitaculum effici mererétur, Spiritu sancto cooperante præparasti : da ut cujus commemoratióne lætámur : ejus pia intercessióne ab instantibus malis, & à morte perpetua liberémur. Per eumdem Christum Dominum nostrum, &c.

TROIS MOTS A LA FOIS.

Litaniæ beátæ Mariæ Virginis.

KYrie eleison. Christe eleison. Kyrie eleison.

Christe audi nos. Christe exaudi nos.

Pater de cælis Deus, miserére nobis.
Fili Redémptor mundi Deus, mis.
Spiritus sancte Deus, mis.
Sancta Trinitas unus Deus, mis.
Sancta María, Ora pro nobis.
Sancta Dei genitrix,
Sancta Virgo Virginum,
Mater Christi,
Mater divínæ gratiæ,
Mater purissima,
Mater castissima,
Mater invioláta,
Mater intemeráta,
Mater amabilis,
Mater admirabilis,
Mater Creatóris,
Mater Salvatóris,
Virgo prudentissima,
Virgo veneranda,
Virgo prædicanda,
Virgo potens,
Virgo clemens,
Virgo fidélis,
Speculum justitiæ,
Sedes sapientiæ,
Causa nostræ lætitiæ,
Vas spirituále,
Vas honorabile,
Vas insigne devotiónis,
Rosa mystica,

Ora pro nobis.

Turris Davidica,
Turris eburnea,
Domus aurea,
Fœderis arca,
Janua cæli,
Stella matutína,
Salus infirmórum,
Refugium peccatórum,
Consolátrix afflictórum,
Auxilium Christianórum,
Regína Angelórum,
Regína Patriarchárum,
Regína Prophetárum,
Regína Apostolórum,
Regína Martyrum,
Regína Confessórum,
Regína Virginum,
Regína Sanctórum omnium,

Ora pro nobis.

Agnus Dei, qui tollis peccáta mundi, Parce nobis Domine.
Agnus Dei, qui tollis peccáta mundi, Exaudi nos Domine.
Agnus Dei, qui tollis peccáta mundi, Miserére nobis.
Christe audi nos. Christe exaudi nos.
℣. Ora pro nobis sancta Dei genitrix.
℟. Ut digni efficiámur promissionibus Christi.

ORÉMUS.

GRatiam tuam, quæsumus Domine, mentibus nostris infunde, ut qui

Angelo nunciante Christi Filii tui Incarnatiónem cognovimus, per Passiónem ejus & Crucem ad Resurrectiónis gloriam perducámur. Per eumdem Christum Dominum nostrum. Amen.

Litaniæ omnium Sanctórum.

KYrie eleison. Christe eleison. Kyrie eleison.

Christe audi nos. Christe exaudi nos.

Pater de cœlis Deus, miserére nobis

Fili Redemptor mundi Deus, mis.

Spiritus sancte Deus, mis.

Sancta Trinitas unus Deus, mis.

Sancta María, Ora pro nobis.

Sancta Dei genitrix, ora.

Sancta Virgo Virginum, ora.

Sancte Michaël, ora.

Sancte Gabriël, ora.

Sancte Raphaël, ora.

Omnes sancti Angeli & Archangeli Dei, oráte pro nobis.

Omnes sancti beatórum spirituum Ordines, oráte pro nobis.

Sancte Ioannes Baptista, ora.

Omnes sancti Patriarchæ & Prophétæ, oráte pro nobis.

Sancte Petre, ora.

Sancte Paule, ora.

Sancte Andrea, ora.

Sancte Jacóbe, ora.

Sancte Joannes,
Sancte Thoma,
Sancte Jacóbe,
Sancte Philippe,
Sancte Bartholomæe,
Sancte Matthæe,
Sancte Simon,
Sancte Thadæe,
Sancte Matthia,
Sancte Barnaba,
Sancte Luca,
Sancte Marce,
Ora pro nobis.
Omnes sancti Apostoli & Evangelistæ, oráte pro nobis.
Omnes sancti Discipuli Domini, oráte.
Omne sancti Innocentes, oráte.
Sancte Stephane, ora.
Sancte Laurenti, ora.
Sancte Vincenti, ora.
Sancti Fabiáne & Sebastiáne, oráte.
Sancti Joannes & Paule, oráte.
Sancti Cosma & Damiáne, oráte.
Sancti Gervási & Protási, oráte.
Omnes sancti Martyres, oráte.
Sancte Sylvester,
Sancte Gregóri, ora.
Sancte Ambrósi, ora.
Sancte Augustíne, ora.
Sancte Hieronyme, ora.
Sancte Martíne, ora.

Sancte Nicoláe, ora.
Omnes sancti Pontifices & Confessóres, Oráte pro nobis.
Sancte Antóni, ora.
Sancte Benedicte, ora.
Sancte Dominice, ora.
Sancte Francisce, ora.
Omnes sancti Sacerdótes & Levítæ, oráte.
Omnes sancti Monachi & Eremítæ, oráte pro nobis.
Sancta Anna, ora pro nobis.
Sancta Agatha,
Sancta Lucia,
Sancta Agnes,
Sancta Cæcilia,
Sancta Catharina,
Sancta Genovéfa,
Sancta Anastasia,
(Ora pro nobis.)
Omnes sanctæ Virgines & Viduæ, oráte.
Omnes Sancti & Sanctæ Dei, intercedite pro nobis.
Propitius esto, Parce nobis Domine.
Propitius esto, Exaudi nos Domine.
Ab omni malo, Libera nos Domine.
Ab omni peccáto, Libera nos Domine.

OREMUS.

DEus, à quo sancta desideria recta consilia, & justa sunt opera, da ſervis tuis illam, quam mundus dare non poteſt, pacem : ut & corda noſtra mandátis tuis dedita, & hoſtium ſubláta formidine, tempora ſint tua protectióne tranquilla.

LEÇONS DE LA TROISIE'ME CLASSE,

Pour apprendre aux enfants, à prononcer un & deux mots françois d'une seule syllabe à la fois.

UN MOT A LA FOIS.

Mort d'un Loup en mots les plus courts de tous.

JE fus à saint Cloud, mon cher, lors que le Duc que tu sçais, qui est le fils du fils d'un grand Roy, & qui n'a qu'un peu plus de deux fois six ans, fit un fort, dont il fit seul le plan, tant il est vif, & sçait tout ce qui est de ce bel art. Il le prit par jeu en trois jours; & il nous a fait voir par ce coup, qu'il a plus de cœur, qu'il n'est grand; & que si on le voit un jour dans un vray

Camp sur le bord de la Lys, ou du Rhein, ou du Pô, ou vers saint Jean de Luz, ou vers le Saz de Gand, Horn, Ath, ou Binch, Mars tout Mars qu'il est, n'a pas fait ce que je crois, que ce Duc peut dans dix ans; & si dans ce temps-là, il ne bat les Turcs plus que n'ont fait les gens du Nord à Gran, & ceux de saint Marc sur mer & à Clim. Je veux voir à sec le fond où est mis le Pont-Neuf.

Quand le fort fut pris, je vis dans le Camp un dard de bois d'if à six rangs de cloux d'or, & dont le fer est tres-fin. Je le pris, & je m'en sers : quand je vais seul aux champs, & il fut bon pour moy, que je l'eus ce jour-là. Car je fus au bout du pont, qui est fort long, & pour le grand chaud, qu'il fit tout le jour, je me mis tout nud dans le bain prés d'un pré plus plein de jong sec que de vray foin.

Je n'y fus pas long-temps, que je vis un loup tout gris vers les murs du bois, qui ne me fit point de peur, quoy-qu'il fust fort gros, & qu'il ne fust pas loin de moy. Je sors du bain d'un plein saut. Je me vets, & j'y cours à grand pas mon dard à la main,* & mon cor au cou; & je n'eus pas si-tost dit d'un ton haut & clair au loup, au loup, & joint ces mots au son de mon cor, qu'il se mit dans les blez ; & dans la peur qu'il eut, il ne vit pas un gros tronc, qui le fit choir. Quand je le vis à bas, je le pris par le poil, mes gans aux mains, de peur de ses dents; & quoy-qu'il fust fort, & qu'il fist tout ce qu'il pût, je le mis à mort en un clin d'œil d'un seul coup de mon dard.

Quand il fut mort, je le fis voir à tous ceux de saint Cloud. On y court de tous les Bourgs, qui n'en sont pas loin, *& on me met dans la main de bon or, & qui est de poids, & des œufs frais dans mon sac, & on fait voir par là, que j'ay fait un grand gain & pour eux & pour moy. Il n'y a eu que les gens du Roy, qui ont soin du bois & des cerfs, qui m'ont fait un tour, qui n'est pas bon.*

Car ils ont mis un de leurs gens au guet dans un coin, pour voir, si ce que j'ay pris est un loup, ou un cerf; & ce fou qui ne voit pas trop clair (car il n'a qu'un œil) croit que c'est un dain. Il me dit donc d'un ton qui ne me plut pas, & tout en feu, qu'as-tu-là ? je crois que c'est un daim : rends-le, ou tu es mort; car je veux qu'il soit veu de tout ce qu'il y a de gens, qui ont de bons yeux. Je fais voir à tous ceux qui sont dans le bois, que ce qu'il dit est faux. Je le mets en ses mains : il le prend; il le voit; &

il n'en est pas moins fou, pour ce que je dis & ce qu'il voit; car sur le champ il me rompt six dents d'un grand coup de poing. *Ce qu'il n'a pas si tost fait, que je mets mon dard & mon cor à bas. Je le prends par les mains, & le bats tant, que je tords ses doigts, & ses bras & son cou; & je fends si fort son nez, qu'il en sort plus de sang que d'un bœuf, quand on le met à mort; & le mal qu'il sent, fait qu'il court à son tour*, plus fort que le loup. Il fait de grands cris, & s'en plaint à tous ceux qu'il voit; mais on s'en rit, & l'on dit qu'il est le seul qui a tort de ce qu'il m'a fait, & de ce qu'il a pris un loup pour un daim, qui a un bois au front, & qu'un loup n'y a pas.

Il dit qu'il a eu plus de cent coups sur l'œil, dont il voit clair, sur le dos, sur les reins, bref sur tout le corps: mais on fait le sourd à tant de mots, qui font voir ce qu'il est, & si j'ay mal fait moy, qui ne veux que la paix pour tout: mais quand il voit que nul ne le plaint, il s'en va au bourg, où il boit du vin blanc, qu'on dit qui est de fort bon goust; mais qui est si fort, qu'il fait du mal, si on le boit pur & sans qu'on ait pris un peu de pain, ou de chair, ou des noix, & il en boit tant, qu'il en perd

le

le sens, qu'il n'a pas trop bon, quand il n'a pas beu, & quand il est si soû, qu'il n'en peut plus, je le mets sur un lit, où il dort en porc tout le jour; & quoy-qu'il soit plus gueux qu'un rat, on dit qu'il en boit tous les jours plus de trois pots tout pleins, & c'est ce qui fait qu'il est gras à lard; *& si l'on n'en a soin, il est plus prés de sa fin qu'on ne croit. On m'a dit qu'il y a neuf ou dix jours, qu'il ne boit plus de vin, & qu'il le hait plus que la mort; qu'il est long temps à jeun, les bras en croix, qu'il fait des vœux pour moy, & pour tous ceux de qui il a eu du mal, & à qui il en a fait, que son cœur est pur dans la foy, & droit dans tout ce que veut la loy; qu'il fait tout ce qu'on a peu voir dans les plus grands Saints. En un mot qu'il est mort à tout. Il est donc Saint, dis-tu: il est vray; fais ce qu'il fait, & tu te mets dans ce rang, & crois moy, mon cher tout à toy.*

DEUX MOTS A LA FOIS.

AU ROY.

GRAND ROY tout est grand dans toy, le cœur, l'air, le port, le bras. La Paix & Mars sont dans tes mains, & n'y sont plus, quand il te plaist Tout est plein de ton Nom. Tu fais ce que tu veux, & tu ne veux que ce qui est droit & saint. Ton joug est doux. Nul ne te sert, qu'il n'ait le prix, qui luy est deu. Tu sçais & fais le fin des Arts. Ton œil & tes soins vont fort loin. Sous toy le pur sang de tes Lys ne sort plus du corps sur le pré pour un point fort vain. On ne boit pas la mort dans un jus trop froid ou trop chaud ; & la foy n'a que du bon grain dans son champ. Ce que tu fais n'est pas moins grand que toy. Tu joints les bords du Rhein sans pont. Les bords du Mein & de la Lys teints du sang de ceux, qui sont en tout moins que toy, *sont à ce jour pleins de tes gens de cœur ; & ceux, à qui le poids de ton bras a fait un grand tort, sont dans la peur pour leurs forts, que ta main a pris il y a prés de dix ans. En vain ceux, dont le Turc est las, font-ils un grand feu vers le Rhein. Un seul de nous sous ton œil plein du feu de Mars vaut cent Turcs. Si tu es grand dans ce qui sert à tes vœux tu ne l'es pas moins dans un mal, qui ne t'a pas fait des loix.* Ah dans ce temps tout fut pour toy dans le deuil ; mais ton cœur plus fort que l'art & le temps mit fin à ce mal, qui fut le mal de tous par la part, que l'on y prit. Que de vœux ! que de feux ! que de cris ! que de jeux ne vit-on pas ; & l'on n'en fit pas trop. Je ne dis pas, que des Rois, qui ſont loin de nous, nous ont fait voir par des dons, que leurs gens t'ont fait de leur part & de droit, en quel haut rang tu es dans leur cœur & dans leur Cour. En ce temps-là le ſort d'un Chef d'un grand corps, mais trop vain, fut le ſort d'un ver. Quels fers ne romps-tu pas ? je vois la mer & ceux, qui y font des vols, pour qui tu mets leurs murs en feu, ſous tes loix. Ton fils, en qui tu te vois peint, va ſur tes pas, où ton cœur s'eſt fait voir. A ſa voix les forts ſont pris tout d'un coup, & les tours ſont à bas. En moins d'un mois, un grand & gras champs de Mars ſe rend à luy. *Qui ne le ſçait ? n'a-t-il pas eu tous les cœurs de ſes gens à ſoy ? par ſa main il rend doux les coups de Mars. A ce prix-là ils ſont prets, de voir la mort ſans peur. Mais ces hauts faits ſont moins grands que ce que tu as fait pour un Roy, à qui des cœurs bas, ſans loy & ſans foy font un grand tort. Tu luy rends les bras.* Son fils & le ſein à qui il doit ſes jours ſont ſous tes ſoins. Tu romps le cours de leurs vrais maux par tant & tant de dons, que tu leur fais tous les jours. Ils ont chez toy leur cour, leur train, & tout ce qui est deu à leur rang, Ce Roy qui t'est si cher, part pour voir si les cœurs des Lords ne sont plus si durs, & par tes soins il pleut de l'or sur cent mats, qui vont au gré des vents. Six-vingt Chefs que Mars voit de bon œil, & deux grands corps de gens, à qui le fer & le feu ne font point de peur, sont pour luy prés de Brest. Fais luy voir, grand Roy, ce qui fait ses vœux. Tu le peux toy seul. Fais ce grand coup, & n'en fais plus, car je n'ay plus de mots si courts, & ils font tort à ton grand nom. Je me tais.

LEÇONS DE LA SECONDE CLASSE,

Pour apprendre aux Enfants, à prononcer quatre & cinq mots latins à la fois.

QUATRE MOTS A LA FOIS.

PSALMI PENITENTIALES.

Antiphóna, Intret.

PSALMUS 6.

DOMINE ne in furóre tuo arguas me : neque in ira tua corripias me.
Miserére mei Domine, quoniam infirmus sum : sana me Domine, quoniam conturbáta sunt ossa mea.
Et anima mea turbáta est valdè : sed tu Domine usquequò ?
Convertere Domine, & eripe animam

meam : ſalvum me fac propter miſericordiam tuam.

Quoniam non eſt in morte, qui memor ſit tui : in inferno autem quis confitebitur tibi.

Laborávi in gemitu meo : lavábo per ſingulas noctes lectum meum, lacrymis meis ſtratum meum rigábo.

Turbátus eſt à furóre oculus meus : inverterávi inter omnes inimícos meos.

Diſcedite à me omnes qui operamini iniquitátem : quoniam exaudívit Dominus vocem fletus mei.

Exaudívit Dominus deprecatiónem meam : Dominus oratiónem meam ſuſcépit.

Erubeſcant & conturbentur vehementer omnes inimíci mei : convertantur & erubeſcant valdè velociter.

Gloria Patri, & Filio, &c.

PSALMUS 31.

BEáti quorum remiſſæ ſunt iniquitátes : & quorum tecta ſunt peccáta.

Beátus vir cui non imputávit Dominus peccátum : nec eſt in ſpiritu ejus dolus.

Quoniam tacui inveteravérunt oſſa mea : dum clamárem tota die.

Quoniam die ac nocte graváta eſt ſuper me manus tua : converſus ſum in ærumna mea, dum configitur ſpina.

Delictum meum cognitum tibi feci : & in-

justitiam meam non abscondi.
Dixi : confitébor adversum me injustitiam meam Domino : & tu remisisti impietátem peccáti mei.
Pro hac orábit ad te omnis sanctus : in tempore oportúno.
Verumtamen in diluvio aquárum multárum : ad eum non approximábunt.
Tu es refugium meum à tribulatióne quæ circumdedit me : exultatio mea erue me.
Intellectum tibi dabo, & instruam te in via qua gradiéris : firmábo super te oculos meos.
Nolíte fieri sicut equus & mulus : quibus non est intellectus.
In chamo & fræno maxillas eórum constringe : qui non approximant ad te.
Multa flagella peccatóris sperantem autem in Domino : misericordia circumdabit.
Lætamini in Domino & exultáte justi : & gloriamini omnes recti corde.
Gloria Patri, &c.

PSALMUS 37.

DOmine, ne in furóre tuo arguas me : neque in ira tua corripias me.
Quoniam sagittæ tuæ infixæ sunt mihi : & confirmasti super me manum tuam.
Non est sanitas in carne mea à facie iræ tuæ non est pax ossibus meis : à facie peccatórum meórum.

Quoniam iniquitátes meæ ſupergreſſæ ſunt caput meum : & ſicut onus grave gravátæ ſunt ſuper me.
Putruérunt & corruptæ ſunt cicatrices meæ : à facie inſipientiæ meæ.
Miſer factus ſum & curvátus ſum uſque in finem : tota die contriſtátus ingrediébar.
Quoniam lumbi mei impléti ſunt illuſiónibus : & non eſt ſanitas in carne mea.
Afflictus ſum & humiliátus ſum nimis : rugiébam à gemitu cordis mei.
Domine ante te deſiderium meum : & gemitus meus à te eſt non eſt abſconditus.
Cor meum conturbátum eſt, derelíquit me virtus mea : & lumen oculórum meórum, & ipſum non eſt mecum.
Amíci mei & proximi mei adverſum me appropinquavérunt & ſtetérunt.
Et qui juxta me erant, de longè ſtetérunt : & vim faciébant qui quærébant animam meam.
Et qui inquirébant mala mihi, locúti ſunt vanitátes : & dolos tota die meditabantur.
Ego autem tanquam ſurdus non audiébam : & ſicut mutus non aperiens os ſuum.
Et factus ſum ſicut homo non audiens : & non habens in ore ſuo redargutiónes.

Quoniam in te Domine ſperávi : tu exaudies me Domine Deus meus.
Quia dixi, Nequando ſupergaudeant mihi inimíci mei : & dum commoventur pedes mei, ſuper me magna locúti ſunt.
Quoniam ego in flagella parátus ſum, & dolor meus in conſpectu meo ſemper.
Quoniam iniquitátem meam annuntiábo, & cogitábo pro peccáto meo.
Inimíci autem mei vivunt, & confirmáti ſunt ſuper me : & multiplicáti ſunt qui odérunt me iníquè.
Qui retribuunt mala pro bonis detrahébant mihi : quoniam ſequébar bonitátem.
Ne derelinquas me Domine Deus meus : ne diſceſſeris à me.
Intende in adjutorium meum : Domine Deus ſalútis meæ.
Gloria Patri, & Filio, &c.

PSALMUS 50.

MIſerére mei Deus : ſecundum magnam miſericordiam tuam.
Et ſecundùm multitudinem miſeratiónum tuárum, dele iniquitátem meam.
Amplius lava me ab iniquitáte mea : & à peccáto meo munda me.
Quoniam iniquitátem meam ego cognoſco : & peccátum meum contra me eſt ſemper.
Tibi ſoli peccávi & malum coram te feci :

ut justifiĉeris in sermonibus tuis, & vincas cum judicáris.
Ecce enim in iniquitátibus conceptus sum: & in peccátis concépit me mater mea.
Ecce enim veritátem dilexisti: incerta & occulta sapientiæ tuæ manifestasti mei.
Asperges me Domine hyssópo, & mundábor: lavábis me & super nivem dealbábor.
Auditui meo dabis gaudium & lætitiam: & exultábunt ossa humiliáta.
Averte faciem tuam à peccátis meis: & omnes iniquitátes meas dele.
Cor mundum crea in me Deus: & spiritum rectum innova in visceribus meis.
Ne projicias me à facie tua: & Spiritum sanctum tuum ne auferas à me.
Redde mihi lætitiam salutáris tui: & spiritu principáli confirma me.
Docébo iniquos vias tuas: & impii ad te convertentur.
Libera me de sanguinibus Deus, Deus salútis meæ: & exaltábit lingua mea justitiam tuam.
Domine labia mea aperies: & os meum annunciábit laudem tuam.
Quoniam si voluisses sacrificium dedissem utique: holocaustis non delectaberis.
Sacrificium Deo spiritus contribulatus: cor contritum & humiliátum Deus non despicies.

Benigne fac Domine in bona voluntáte tua Sion : ut ædificentur muri Jerusalem.

Tunc acceptábis sacrificium justitiæ, oblatiónes & holocausta : tunc impónent super altáre tuum vitulos.

Gloria Patri, &c.

PSALMUS 101.

DOmine exaudi oratiónem meam : & clamor meus ad te veniat.

Non avertas faciem tuam à me : in quacumque die tribulor, inclína ad me aurem tuam.

In quacumque die invocavero te velociter exaudi me.

Quia defecérunt sicut fumus dies mei : & ossa mea sicut cremium aruérunt.

Percussus sum ut fœnum & aruit cor meum : quia oblítus sum comedere panem meum.

A voce gemitus mei : adhæsit os meum carni meæ.

Similis factus sum pellicáno solitudinis : factus sum sicut nicticorax in domicilio.

Vigilávi, & factus sum sicut passer : solitarius in tecto.

Tota die exprobrábant mihi inimici mei : & qui laudábant me, adversum me jurábant.

Quia cinerem tanquam panem manducábam : & potum meum cum fletu miscébam.

A facie iræ & indignatiónis tuæ : quia elevans allisisti me.
Dies mei sicut umbra declinavérunt : & ego sicut fœnum arui.
Tu autem Domine in æternum permanes : & memoriále tuum in generatónem & generatiónem.
Tu exurgens misereberis Sion : quia tempus miserendi ejus, quia venit tempus.
Quoniam placuérunt servis tuis lapides ejus : & terræ ejus miserebuntur.
Et timébunt gentes nomen tuum Domine : & omnes Reges terræ gloriam tuam.
Quia ædificávit Dominus Sion : & videbitur in gloria sua.
Respexit in oratiónem humilium : & non sprevit precem eórum.
Scribantur hæc in generatióne altera : & populus qui creabitur laudábit Dominum.
Quia prospexit de excelso sancto suo : Dominus de cælo in terram aspexit.
Ut audíret gemitus compeditórum : ut solveret filios interemptórum.
Ut annuntient in Sion nomen Domini : & laudem ejus in Jerusalem.
In conveniendo populos in unum : & reges ut serviant Domino.
Respondit ei in via virtútis suæ paucitátem diérum meórum nuncia mihi.
Ne revoces me in dimidio diérum meó-

sum, in generatiónem & generatiónem anni tui.

Initio tu Domine terram fundasti : & opera manuum tuárum sunt cæli.

Ipsi peribunt, tu autem permanes : & omnes sicut vestimentum veterascent.

Et sicut opertorium mutábis eos, & mutabuntur : tu autem idem ipse es, & anni tui non deficient.

Filii servórum tuórum habitábunt : & semen eorum in sæculum dirigétur.

Gloria Patri, &c.

CINQ MOTS A LA FOIS.

PSALMUS 129.

DE profundis clamávi ad te Domine : Domine exaudi vocem meam.

Fiant aures tuæ intendentes : in vocem deprecatiónis meæ.

Si iniquitátes observaveris Domine? Domine quis sustinébit?

Quia apud te propitiatio est : & propter legem tuam sustinui te Domine.

Sustinuit anima mea in verbo ejus : sperávit anima mea in Domino.

A custodia matutina usque ad noctem : speret Israël in Domino.

Quia apud Dominum misericordia : & copiósa apud eum redemptio.

Et ipſe redimet Iſraël ; ex omnibus iniquitatibus ejus.

Gloria Patri , &c.

PSALMUS 142.

DOmine exaudi oratiónem meam : auribus percipe obſecratiónem meam in veritáte tua : exaudi me in tua juſtitia.

Et non intres in judicium cum ſervo tuo : quia non juſtificabitur in conſpectu tuo omnis vivens.

Quia perſecútus eſt inimícus animam meam : humiliávit in terra vitam meam.

Collocávit me in obſcúris ſicut mortuos ſæculi : & anxiátus eſt ſuper me ſpiritus meus, in me turbátum eſt cor meum.

Memor fui diérum antiquórum , meditátus ſum in omnibus operibus tuis : in factis manuum tuarum meditábar.

Expandi manus meas ad te : anima mea ſicut terra ſine aqua tibi.

Velociter exaudi me Domine : defécit ſpiritus meus.

Non avertas faciem tuam à me : & ſimilis ero deſcendentibus in lacum.

Audítam fac mihi mane miſericordiam tuam : quia in te ſperávi.

Notam fac mihi viam in qua ambulem : quia ad te levávi animam meam.

Eripe me de inimícis meis Domine , ad te confúgi : doce me facere voluntatem

tuam, quia Deus meus es tu.
Spiritus tuus bonus dedúcet me in terram rectam : propter nomen tuum Domine, vivificábis me in æquitáte tua.
Edúces de tribulatióne animam meam : & in misericordia tua disperdes inimícos meos.
Et perdes omnes qui tribulant animam meam : quoniam ego servus tuus sum.
Gloria Pari, &c.
Sicut erat in principio, &c.
Antiphóna, Intret oratio nostra, &c.

TE Deum laudámus : te Dominum confitémur.
Te æternum Patrem : omnis terra venerátur.
Tibi omnes Angeli : tibi cæli & universæ potestátes.
Tibi Cherubim & Seraphim : incessabili voce proclámant.
Sanctus, Sanctus, Sanctus, Dominus Deus Sabaoth.
Pleni sunt cæli & terra, Majestátis gloriæ tuæ.
Te gloriósus, Apostolórum Chorus.
Te Prophetárum laudabilis numerus.
Te Martyrum candidátus : laudat exercitus.
Te per orbem terrárum : sancta confitétur Ecclesia.

Patrem immensæ Majestátis.

Venerandum tuum verum, & unicum Filium.

Sanctum quoque Paraclétum Spiritum.

Tu Rex gloriæ Christe.

Tu Patris sempiternus es Filius.

Tu ad liberandum susceptúrus hominem: non horruisti Virginis uterum.

Tu devicto mortis aculeo: aperuisti credentibus regna cælórum.

Tu ad dexteram Dei sedes: in gloria Patris.

Judex crederis esse ventúrus.

Te ergo quæsumus famulis tuis subveni: quos pretióso sanguine redemisti.

Æterna fac cum sanctis tuis: in gloria numerári.

Salvum fac populum tuum Domine: & benedic hæreditáti tuæ.

Per singulos dies, benedicimus te,

Et laudámus nomen tuum in sæculum: & in sæculum sæculi.

Dignáre Domine die isto: sine peccáto nos custodíre.

Miserére nostri Domine: miserére nostri.

Fiat misericordia tua Domine super nos: quemadmodum speravimus in te.

In te Domine sperávi: non confundar in æternum.

Symbolum S. Athanasii.

QUicumque vult salvus esse : ante omnia opus est, ut teneat Catholicam fidem.

Quam nisi quisque integram, inviolatamque servaverit : absque dubio in æternum peribit.

Fides autem Catholica hæc est : ut unum Deum in Trinitáte : & Trinitátem in unitáte venerémur.

Neque confundentes persónas : neque substantiam separantes.

Alia est enim persóna Patris, alia Filii : alia Spiritus sancti.

Sed Patris, & Filii, & Spiritus sancti una est divinitas : æquális gloria, coæterna majestas.

Qualis Pater, talis Filius : talis Spiritus sanctus.

Increátus Pater, increátus Filius : increátus Spiritus sanctus.

Immensus Pater, immensus Filius : immensus Spiritus sanctus.

Æternus Pater, æternus Filius : æternus Spiritus sanctus.

Et tamen non tres æterni : sed unus æternus.

Sicut non tres increáti, nec tres immensi : sed unus increátus, & unus immensus.

Similiter omnipotens Pater, omnipotens Filius : omnipotens Spiritus sanctus.

Et tamen non tres omnipotentes : sed unus omnipotens.

Ita Deus Pater, Deus Filius : Deus Spiritus sanctus.

Et tamen non tres Dii : sed unus est Deus.

Ita Dominus Pater, Dominus Filius : Dominus Spiritus sanctus.

Et tamen non tres Domini : sed unus est Dominus.

Quia sicut sigillátim unamquamque persónam Deum ac Dominum confitéri Christiána veritáte compellimur : ita tres Deos, aut Dominos dicere, Catholica Religióne prohibémur.

Pater à nullo est factus : nec creátus, nec genitus.

Filius à Patre solo est : non factus, nec creátus, sed genitus.

Spiritus sanctus à Patre & Filio : non factus, nec creátus, nec genitus, sed procédens.

Unus ergo Pater, non tres Patres, unus Filius, non tres Filii : unus Spiritus sanctus, non tres Spiritus sancti.

Et in hac Trinitáte nihil prius aut posterius, nihil majus aut minus : sed totæ tres persónæ coæternæ sibi sunt & coæquáles.

Ita ut per omnia, sicut jam suprà dictum est, & unitas in Trinitáte ; & Trinitas in unitáte veneranda sit.

Qui vult ergo ſalvus eſſe : ita de Trinitáte ſentiat.

Sed neceſſarium eſt ad æternam ſalútem : ut incarnatiónem quoquè Domini noſtri Jeſu Chriſti fideliter credat.

Eſt ergo fides recta, ut credámus & confiteámur : quia Dominus noſter Jeſus Chriſtus Dei filius, Deus & homo eſt.

Deus eſt ex ſubſtantia Patris ante ſæcula genitus : & homo eſt ex ſubſtantia matris in ſæculo natus.

Perfectus Deus, perfectus homo : ex anima rationáli, & humána carne ſubſiſtens.

Æquális Patri ſecundùm divinitátem : minor ; Patre ſecundùm humanitátem.

Qui licet Deus ſit, & homo non duo tamen, ſed unus eſt Chriſtus.

Unus autem non converſióne divinitátis in carnem : ſed aſſumptióne humanitátis in Deum.

Unus omníno non confuſióne ſubſtantiæ : ſed unitáte perſónæ.

Nam ſicut anima rationális & caro unus eſt homo : ita Deus & homo unus eſt Chriſtus.

Qui paſſus eſt pro ſalúte noſtra, deſcendit ad inferos : tertia die reſurrexit à mortuis.

Aſcendit ad cælos, ſedet ad dexteram Dei

Patris omnipotentis : inde ventúrus eſt judicáre vivos & mortuos.

Ad cujus adventum omnes homines reſurgere habent cum corporibus ſuis : & reddytúri ſunt de factis propriis ratiónem.

Et qui bona egérunt, ibunt in vitam æternam : qui verò mala, in ignem æternum.

Hæc eſt fides Catholica : quam niſi quiſque fideliter firmiterque crediderit, ſalvus eſſe non poterit.

Gloria Patri, & Filio, &c.

Sicut erat in principio, &c.

LECONS DE LA SECONDE CLASSE,

Pour apprendre aux enfants, à prononcer deux, trois, quatre & cinq mots françois de plusieurs syllables à la fois.

DEUX MOTS A LA FOIS

Instructions saintes pour les enfants tirées des Proverbes de Salomon.

ECOUTEZ mon fils les instructions de vostre pere, & n'abandonnez point la loy de vostre mere.

La crainte du Seigneur est le principe de la sagesse : les insensez mesprisent la sagesse & la doctrine.

Mon fils si les pecheurs vous attirent

par leurs careſſes, ne vous laiſſez point aller à eux.

La ſageſſe enſeigne au dehors ; elle fait entendre ſa voix dans les grandes places.

Elle crie à la teſte des aſſemblées du peuple ; elle fait retentir ſes paroles aux portes de la Ville, & elle dit : O enfants juſqu'à quand aimerez-vous l'enfance ? juſqu'à quand les inſenſez deſireront-ils ce qui les perd ? & les imprudents hairont-ils la ſcience. Convertiſſez-vous par les remonſtrances que je vous faits.

Celui qui m'eſcoute repoſera en aſſeurance, & il jouira d'une abondance de biens, ſans craindre aucun mal.

Mon fils ſi vous recevez mes paroles, & ſi vous tenez mes preceptes cachez dans le fond de voſtre cœur.

Alors vous comprendrez la crainte du Seigneur & vous trouverez la ſcience de Dieu, parce que c'eſt le Seigneur qui donne la ſageſſe, & c'eſt de ſa bouche que ſort la prudence & la ſcience ; il reſerve le ſalut comme un threſor pour ceux, qui ont le cœur droit, & il protegera ceux, qui marchent dans la ſimplicité.

Si la ſageſſe entre dans voſtre cœur & ſi la ſcience plaiſt à voſtre eſprit, le conſeil vous gardera, & la prudence vous conservera, afin que vous soyez delivré de la mauvaise voye des hommes, dont les paroles sont perverses; qui abandonnent le chemin droit & qui marchent par des voyes tenebreuses; qui se resjouissent, lorsqu'ils ont fait le mal, & qui triomphent, lorsqu'ils ont fait les choses les plus criminelles.

Marchez donc dans la bonne voye, & ne quittez point les sentiers des Justes, car ceux qui ont le cœur droit habiteront sur la terre, & les simples y demeureront pour jamais: mais les impies seront retranchez de dessus la terre, & les injustes en seront exterminez.

Que la misericorde & la verité ne vous abandonnent point. Mettez-les comme un collier autour de vostre cou, & gravez-les sur les tables de vostre cœur, & vous trouverez la grace & une conduite sage devant Dieu & devant les hommes. Ayez confiance en Dieu de tout vostre cœur, & ne vous appuyez point sur vostre prudence. Pensez à luy dans toutes vos voyes, & il conduira luy-mesme vos pas. Ne soyez point sage à vos propres yeux. Craignez Dieu & retirez-vous du mal.

Mon fils ne rejettez point la correction du Seigneur, & ne vous abbatez point, lorsqu'il vous chastie; car le Seigneur chastie celui qu'il aime , & il trouve en luy son plaisir comme un pere dans son fils.

Heureux celui qui a trouvé la sagesse, & qui est riche en prudence. Le trafic de la sagesse vaut mieux que celuy de l'argent, & le fruit qu'on en tire est plus excellent que l'or le plus fin & le plus pur : son prix passe toutes les richesses ; & tout ce qu'on desire ne merite pas de luy estre comparé.

Mon fils que ces choses ne partent jamais de devant vos yeux : gardez la loy & le conseil que je vous donne.

N'empeschez point de bien faire celuy qui le peut : faites bien vous-mesme, si vous le pouvez.

Ne portez point envie à l'injuste, & n'imitez point ses voyes, parce que tous les trompeurs sont en abomination au Seigneur, & qu'il communique ses secrets aux simples. Le Seigneur frappera d'indigence la maison de l'impie ; mais il benira les maisons des Justes.

Allez à la fourmi ô paresseux ? considerez sa conduite & apprenez à devenir sage, puisque n'ayant ny chef, ny maistre, ny Prince elle fait neantmoins sa provision durant l'esté & amasse pendant la moisson, dequoy se nourrir. Jusqu'à quand

quand dormirez-vous ô paresseux ? quand vous reveillerez-vous de vostre sommeil ? vous dormirez un peu : vous sommeillerez un peu : vous mettrez un peu les mains l'une dans l'autre pour vous reposer ; & l'indigence vous viendra surprendre comme un homme, qui marche à grands pas ; & la pauvreté se saisira de vous comme un homme armé. Que si vous estes diligent, vostre maison sera comme une source abondante, & l'indigence fuïra loin de vous.

Il y a six choses que le Seigneur hait, & son ame deteste la septiesme ; les yeux altiers ; la langue amie du mensonge ; les mains qui respandent le sang innocent, le cœur qui forme de noirs desseins ; les pieds legers pour courir au mal ; le tesmoin trompeur, qui asseure des mensonges ; & celuy qui seme des dissentions entre les freres.

La bouche du Juste est une source de vie ; la bouche des meschants cache l'iniquité. La haine excite les querelles, & la charité couvre toutes les fautes.

La crainte du Seigneur prolonge les jours : les années des meschants sont abbregées. L'attente des Justes est la joye : l'esperance des meschants perira. La voye du Seigneur est la force du simple : ceux qui font le mal sont dans l'effroy : le juste ne sera jamais esbranslé : les meschants n'habiteront point sur la terre.

TROIS MOTS A LA FOIS.

Les richesses ne servent de rien au jour de la vengeance : la justice delivrera de la mort : la justice du simple rendra sa voye heureuse : le meschant perira par sa malice.

Les uns donnent ce qui est à eux & sont tousjours riches : les autres ravissent le bien d'autruy & sont tousjours pauvres.

Celuy qui marche avec les sages deviendra sage : l'ami des insensez leur ressemblera : le mal poursuit les pecheurs ; & les biens seront la recompense des justes.

Celuy qui opprime le pauvre fait injustice à celuy qui l'a creé ; & celuy qui en a compassion rend honneur à Dieu.

Les yeux du Seigneur contemplent en tout lieu les bons & les meschants.

L'homme bien instruit voit au dessus de luy le sentiers de la vertu, qui luy fait eviter le plus profond de l'enfer.

Les pechez se purifient par la misericorde & par la foy ; & tout homme evitera les maux par la crainte du Seigneur :

l'ame du juste medite l'obeissance : la bouche des impies se respand en toute sorte de maux : le Seigneur est loin des impies & il exaucera la priere des justes.

Peu avec la justice vaut mieux que de grands biens avec l'iniquité.

L'homme patient vaut mieux que le courageux ; & celuy qui est maistre de son esprit, vaut mieux que celuy qui force des Villes.

Un peu de pain sec avec la joye vaut mieux qu'une maison pleine de victimes avec des querelles.

La sagesse reluit sur le visage de l'homme prudent ; l'insensé a tousjours les yeux esgarez.

L'insensé mesme passe pour sage, lorsqu'il se taist ; & pour intelligent, lorsqu'il tient la bouche fermée.

Les richesses donnent beaucoup de nouveaux amis : mais ceux mesmes, qu'avoit le pauvre se separent de luy : le faux tesmoin ne demeu era point impuni : celuy qui dit des mensonges n'eschappera pas : plusieur honorent la personne d'un homme puissant, & sont amis de celuy qui donne : les freres du pauvre le haïssent ; & se retirent loin de luy.

Le paresseux n'a point voulu labourer à cause du froid ; il mendiera donc pendant l'esté, & on ne luy donnera rien.

On dit d'ordinaire, le jeune homme suit sa premiere voye : dans sa vieillesse mesme il ne la quittera point.

Ne soyez point ami d'un homme colere; & ne vivez point avec un homme furieux, de peur qu'il ne vous apprenne à vivre comme luy.

Que vostre cœur ne porte point d'envie au pecheur : mais demeurez ferme dans la crainte du Seigneur pendant tout le jour; car vous aurez ainsi de la confiance en vostre derniere heure; & ce que vous attendez ne vous sera point ravi.

Si vous dites, les forces me manquent; celuy qui voit le fond du cœur, le sçaura bien discerner : rien n'eschappe au Sauveur de vostre ame; & il rendra à l'homme selon ses œuvres.

Le Juste tombera sept fois, & se relevera : mais les meschants seront precipitez dans le mal : ne vous rejouissez point, quand vostre ennemi sera tombé; & que vostre cœur ne tressaille point de joye dans sa ruine.

La reprimande faite au sage & à l'oreille obeissante est un pendant d'oreilles d'or avec une perle brillante.

Si vostre ennemi a faim, donnez-luy à manger : s'il a soif, donnez-luy de l'eau à boire ; car vous amasserez ainsi sur sa teste des charbons de feu ; & le Seigneur vous le rendra.

Celuy qui ne peut retenir son esprit en parlant est comme une Ville toute ouverte, qui n'est point environnée de murailles.

La correction manifeste vaut mieux qu'un amour secret : les blessures que fait celuy qui aime valent mieux que les baisers trompeurs de celuy qui hait.

Celuy qui cache ses crimes ne reussira point ; mais celuy qui les confesse & qui s'en retire, obtiendra misericorde.

Celuy qui dérobe son pere & sa mere, & qui dit que ce n'est pas un peché, aura part au crime des homicides.

Celuy qui donne au pauvre n'aura besoin de rien : mais celuy qui le mesprise lorsqu'il le prie, tombera luy-mesme dans la pauvreté.

Corrigez vostre fils, & il vous consolera ; & il deviendra les delices de vostre ame.

Esloignez de moy la vanité & les paroles de mensonge : ne me donnez ny la pauvreté : ny les richesses : donnez-moy seulement ce qui me sera necessaire pour vivre ; de peur qu'estant rassasié je ne sois tenté de vous renoncer & de dire : qui est le Seigneur? ou qu'estant contraint par la pauvreté je ne derobe, & que je ne viole par un parjure le nom de mon Dieu.

Que l'œil qui insulte à son pere & qui mesprise l'enfantement de sa mere soit arraché par les Corbeaux des torrents & devoré par les enfants de l'aigle.

L'HISTOIRE DE TOBIE.

QUATRE MOTS A LA FOIS.

TObie de la Tribu & de la Ville de Nephthali, qui est dans la haute Galilée au dessus de Naasson derriere le chemin, qui mene vers l'Occident, ayant à sa gauche la Ville de Sephet, fut emmené captif du temps de Salmanazar Roy des Assyriens; & dans sa captivité mesme il n'abandonna point la voye de la verité. En sorte qu'il distribuoit tous les jours ce qu'il pouvoit avoir à ceux de sa nation ses freres, qui estoient captifs avec luy; & lorsqu'il estoit le plus jeune de tous ceux de la Tribu de Nephthali,

Il ne fit rien paroistre dans toutes ses actions ; qui tinst de l'enfance.

Enfin lorsque tous alloient adorer les veaux d'or, que Jeroboam Roy d'Israël avoit faits, il fuyoit seul la compagnie de tous les autres ; & il alloit à Jerusalem au temple du Seigneur, où il adoroit le Dieu d'Israël, offrant fidellement les premices & les dismes de tous ses biens ; & la troisiesme année il distribuoit aux Proselytes & aux estrangers ce qu'il avoit mis à part de toute sa disme. Il observoit toutes ces choses & d'autres semblables conformément à la loy de Dieu, lorsqu'il n'estoit encore qu'un enfant. Mais lorsquil fut devenu homme, il espousa une femme de sa Tribu nommée Anne, & en eut un fils, auquel il donna son nom ; & il luy apprit dés son enfance, à craindre Dieu, & à s'abstenir de tout peché.

Lors donc qu'ayant esté emmené captif avec sa femme & son fils & toute sa Tribu, il fut arrivé dans la Ville de Ninive ; quoyque tous les autres mangeassent des viandes des Gentils, il conserva neantmoins son ame pure, & il ne se souilla jamais par leurs viandes. Et parce qu'il se souvint de Dieu de tout son cœur, Dieu luy fit trouver grace devant le Roy Salmanasar, qui luy donna pouvoir, d'aller par tout, où il voudroit, & la liberté de faire ce qu'il luy plairoit.

Il alloit donc trouver tous ceux, qui estoient captifs, & leur donnoit des advis salutaires. Il vint un jour à Ragés Ville des Medes, ayant dix talents d'argent, qui venoient des dons, qu'il avoit receus du Roy. Et parmi le grand nombre de ceux de sa race, voyant que Gabelus, qui estoit de sa Tribu estoit fort pauvre, il luy donna sous son seing cette somme d'argent.

Mais aprés beaucoup de temps le Roy Salmanasar estant mort, & Sennacherib son fils, qui regna aprés luy, ayant une grande haine contre les enfants d'Israël, Tobie alloit tous les jours, visiter tous ceux de sa parenté, les consoloit, & distribuoit de son bien à chacun d'eux selon son pouvoir : il nourrissoit ceux, qui n'avoient pas dequoy manger : il donnoit des habits à ceux, qui n'en avoient point ; & donnoit avec grand soin la sepulture aux corps de ceux, qui estoient morts de mort naturelle, ou qui avoient esté tuez.

Depuis le Roy Sennacherib s'estant enfui de la Judée à cause de la playe, dont Dieu l'avoit frappé pour ses blasphemes, & estant retourné en son pais dans une grande colere contre les enfants d'Israël, il en fit tuer plusieurs dont Tobie ensevelissoit les corps. Ce qui ayant esté rapporté au Roy, il commanda qu'on le tuast, & il luy osta tout son bien. Mais Tobie estant depouillé de tout s'enfuit avec son fils & sa femme, & il trouva moyen de se cacher, parce qu'il estoit aimé de plusieurs.

Quarante cinq jours aprés le Roy fut tué par ses deux fils; & Tobie revint dans sa maison, & on luy rendit tout son bien. Aprés ce temps Tobie fit apprester en un jour de feste du Seigneur un grand repas dans sa maison & dit à son fils, allez & amenez icy quelques-uns de nostre Tribu, qui craignent Dieu, afin qu'ils mangent avec nous; son fils y alla, & estant retourné il luy dit, que le corps d'un des enfants d'Israël, qu'on avoit tué, estoit estendu dans la ruë.

Tobie se leva aussi-tost de table, & laissant là le disner il vint au corps, avant que d'avoir rien mangé; & l'enlevant il l'emporta secretement dans sa maison, afin de l'ensevelir seurement, lorsque le soleil seroit couché. Et ayant caché le corps il commença à manger avec larmes & tremblement, repassant dans son esprit cette parole, que le Seigneur avoit dite par le Prophete Amos: vos jours de festes se changeront en des jours de pleurs & de larmes.

Et lorsque le soleil fut couché, il alla l'ensevelir.

Or tous ses proches le blasmoient en luy disant : on a desja commandé, qu'on vous fist mourir pour ce sujet & vous avez eu bien de la peine, à sauver vostre vie; & aprés cela vous ensevelissez encore les morts. Mais Tobie craignant plus Dieu que le Roy emportoit les corps de ceux, qui avoient esté tuez, les cachoit dans sa maison & les ensevelissoit au milieu de la nuit. Or il arriva un jour, que s'estant lassé à ensevelir les morts, il revint en sa maison, où s'estant couché au pied d'une muraille il s'endormit. Et pendant qu'il dormoit, il tomba d'un nid d'hirondelle de la fiante chaude sur ses yeux, ce qui le rendit aveugle.

Dieu permit que cette tentation luy arrivast, afin que sa patience servist d'exemple à la posterité comme celle du saint homme Job. Car ayant tousjours craint Dieu dés son enfance, & ayant gardé tous ses commandements, il ne s'attrista ny ne murmura point contre Dieu, de ce qu'il l'avoit frappé de cette playe de l'aveuglement.

Mais il demeura ferme & immobile dans la crainte du Seigneur, rendant graces à Dieu tous les jours de sa vie. Et comme des Roix insultoient au bienheureux Job ; ainsi ses parents & ses alliez se railloient de sa maniere de vie, en luy disant : où est vostre esperance, pour laquelle vous faisiez tant d'aumosnes, & vous ensevelissiez les morts. Mais Tobie les reprenant doucement leur disoit ; ne parlez point de la sorte : car nous sommes enfants des Saints, & nous attendons cette vie, que Dieu doit donner à ceux qui ne violent jamais la fidelité, qu'ils luy ont promise.

Or Anne sa femme alloit tous les jours, faire de la toile, & elle apportoit du travail de ses mains ce qu'elle pouvoit gagner, pour vivre. Il arriva donc, qu'ayant receu un jour un chevreau, elle l'apporta à la maison. Et son mari l'ayant entendu crier, dit à sa femme, prenez garde, que ce chevreau n'ait esté derobé ; rendez-le, à qui il est, parce qu'il ne nous est pas permis, de manger ou de toucher à quelque chose, qui ait esté derobée.

Alors Tobie jettant un profond soupir commença à prier avec larmes, en disant Seigneur vous estes juste : tous vos jugements sont pleins d'equité ; & toutes vos voyes ne sont que misericorde, verité & justice. Seigneur, souvenez-vous maintenant de moy : ne prenez point vengeance de mes pechez ; & ne rappellez point en vostre memoire mes offenses, ny celles de mes parents. Nous n'avons point obeï à vos preceptes ; c'est pourquoy vous nous avez abandonnez au pillage, à la captivité & à la mort ; & vous nous avez rendus la fable & le jouet de toutes les nations ; parmi lesquelles vous nous avez dispersez. Seigneur vos jugements sont grands & terribles, parce que nous ne nous sommes point conduits selon vos preceptes, & que nous n'avons point marché sincerement en vostre presence. Et maintenant Seigneur traitez-moy selon vostre volonté, & commandez que mon ame soit receuë en paix ; parce qu'il m'est plus avantageux, de mourir, que de vivre plus long-temps.

CINQ MOTS A LA FOIS.

Tobie croyant donc, que Dieu exanceroit la priere, qu'il luy avoit faite, de pouvoir mourir, appella à luy son fils Tobie & luy dit, mon fils escoutez les paroles de ma bouche, & mettez les dans vostre cœur comme le fondement, sur lequel vous establirez vostre conduite. Lorsque Dieu aura reçeu mon ame, ensevelissez mon corps, & honorez vostre mere tous les jours de sa vie, car vous devez vous souvenir de ce qu'elle a souffert ; & à combien de perils elle a esté exposée, lorsqu'elle vous portoit en son sein ; & quand elle aura aussi elle-mesme achevé le temps de sa vie, ensevelissez-la auprés de moy.

Ayez Dieu dans l'esprit tous les jours de vostre vie, & gardez-vous de consentir jamais à aucun peché, & de violer les preceptes du Seigneur vostre Dieu. Faites l'aumosne de vostre bien, & ne destournez vostre visage d'aucun pauvre : car de cette sorte le Seigneur ne destournera point non plus son visage de dessus vous. Soyez charitable en la maniere, que vous le pourrez. Si vous avez beaucoup de bien, donnez beaucoup ; si vous en avez peu, ayez soin de donner de ce peu mesme de bon cœur ; car vous vous amassez ainsi un grand thresor, & une grande recompense pour le jour de la necessité. Parce que l'aumosne delivre de tout peché & de la mort ; & qu'elle ne laissera point tomber l'ame dans les tenebres.

L'aumosne sera le sujet d'une grande confiance devant le Dieu supreme pour tous ceux, qui l'auront faite. Veillez sur vous mon fils, pour vous garder de toute impureté & hors vostre femme seule, evitez tout ce qui peut tendre au crime. Ne souffrez jamais que l'orgueil domine ou dans vos pensées, ou dans vos paroles ; car c'est par l'orgueil que tous les maux ont commencé.

Lorsqu'un homme aura travaillé pour vous, payez-luy aussi-tost ce qui luy est deu pour son travail ; & que la recompense du mercenaire ne demeure jamais chez vous. Prenez garde, de ne faire jamais à un autre ce que vous seriez fasché, qu'on vous fist. Mangez vostre pain avec les pauvres & avec ceux qui ont faim, & couvrez de vos vestements ceux, qui sont nuds. Mettez vostre pain & vostre vin sur le tombeau du juste, & gardez-vous d'en manger & d'en boire avec les pecheurs.

Demandez tousjours conseil à un homme sage. Benissez Dieu en tout temps, & demandez-luy, qu'il conduise & rende droites vos voyes, & que tous vos desseins demeurent fermes en luy. Ne craignez point mon fils : il est vray, que nous sommes pauvres ; mais nous aurons beaucoup de biens, si nous craignons Dieu, si nous nous retirons de tout peché, & si nous faisons de bonnes œuvres.

L'Ange alors leur respondit. Benissez le Dieu du Ciel, & rendez-luy gloire devant tous les hommes, parce qu'il vous a fait ressentir les effets de sa misericorde. La priere accompagnée du jeusne & de l'aumosne vaut mieux que tous les thresors, & tout l'or qu'on peut amasser : car l'aumosne delivre de la mort, & c'est elle qui efface les pechez, & qui fait trouver la misericorde & la vie éternelle. Mais ceux qui commettent le peché & l'iniquité sont les ennemis de leurs ames. Lorsque vous priez Dieu avec larmes, & que vous ensevelissiez les morts; que vous quittiez pour cela vostre disner, & que vous cachiez les morts dans vostre maison durant le jour, pour les ensevelir durant la nuit, j'ay presenté vos prieres au Seigneur ; & parce que vous estiez agreable à Dieu, il a esté necessaire, que la tentation vous esprouvast.

Maintenant donc le Seigneur m'a envoyé pour vous guerir & pour delivrer du Demon Sara la femme de vostre fils ; car je suis l'Ange Raphaël l'un des sept, qui sommes tousjours presents devant le Seigneur. A ces paroles ils furent troublez, & estant saisis de frayeur ils tomberent le visage contre terre ; & l'Ange leur dit, la paix soit avec vous, ne craignez point. Car lorsque j'estois avec vous, j'y estois par la volonté de Dieu. Benissez-

le donc & chantez ses louanges. Après ces paroles il disparut de devant eux & ils ne peurent plus le voir. Alors s'estant prosternez le visage en terre pendant trois jours, ils benirent Dieu & se levant ils raconterent tous les miracles, qu'il avoit faits en leur faveur.

Alors le vieux Tobie ouvrant la bouche benit le Seigneur & il dit. Seigneur vous estes grand dans l'eternité ; vostre regne s'estend dans tous les siecles des siecles. Vous chastiez & vous sauvez ; vous conduisez les hommes jusqu'au tombeau, & vous les en ramenez, & nul ne se peut soustraire à vostre puissante main. Rendez graces au Seigneur enfants d'Israël & louez-le devant les nations. C'est luy, qui nous a chastiez à cause de nos iniquitez ; & c'est luy, qui nous sauvera, pour signaler sa misericorde. Vous donc pecheurs convertissez vous. Faites des œuvres de justice devant Dieu, & croyez qu'il vous fera misericorde.

LEÇONS DE LA PREMIERE CLASSE,

Pour apprendre aux enfants, à s'arrester aux ponctuations du latin & à le prononcer selon la quantité.

Faites leur dire les mesmes leçons du latin, que vous leur avez fait dire dans la troisiesme & seconde classe, en les faisant arrester aux ponctuations, & en leur faisant prononcer les mots selon la quantité. Aprés quoy vous leur ferez dire les Hymnes de l'Eglise qui sont cy-aprés avec les responses de la Messe.

HYMNE DES VESPRES DU DIMANCHE.

LUcis Creátor optime,
Lucem diérum proferens,
Primordiis lucis novæ,

Mundi parans originem.
Qui manè junctum vesperi,
Diem vocári præcipis,
Tetrum chaos illabitur,
Audi preces cum fletibus.
Ne mens graváta crimine,
Vitæ sit exul múnere,
Dum nil perenne cogitat,
Seseque culpis illigat.
Cœlórum pulset intimum,
Vitâ'e tollat præmium,
Vitémus omne noxium,
Purgémus omne pessimum.
Præsta Pater piissime,
Patrique compar unice,
Cum Spiritu Paraclito,
Regnans per omne sæculum. Amen.

Pour l'Advent, à Vespres.

Conditor alme siderum,
Æterna lux credentium,
Christe Redemptor omnium,
Exaudi preces supplicum.
Qui condolens interitu,
Mortis perire sæculum,
Salvasti mundum languidum,
Donans reis remedium.
Vergente mundi vespere,
Uti sponsus de thalamo,
Egressus honestissima,
Virginis Matris clausula.

Cujus forti potentiæ,
Genu curvantur omnia,
Cœlestia terrestria,
Nutu fatentur subdita.
Te deprecámur agie,
Ventúre Judex sæculi,
Conserva nos in tempore,
Hostis à telo perfidi.
Laus, honor, virtus gloria,
Deo Patri & Filio,
Sancto simul Paraclito,
In sempiterna sæcula. Amen.

Pour le Caresme, à Vespres.

AUdi benigne Conditor,
Nostras preces cum fletibus,
In hoc sacro jejunio,
Fusas quadragenario.
Scrutátor alme cordium,
Infirma tu scis virium,
Ad te reversis exhibe,
Remissiónis gratiam.
Multum quidem peccavimus,
Sed parce confitentibus,
Ad laudem tui nominis,
Confer medélam languidis.
Sic corpus extra conteri,
Dona per abstinentiam,
Jejúnet ut mens sobria,
A labe prorsus criminum.
Præsta beáta Trinitas,

Concéde simplex Unitas,
Ut fructuósa sint tuis,
Jejuniórum munera. Amen.

Pour le temps de Pasques, à Vespres.

AD Cœnam agni providi,
Et stolis albis candidi,
Post transitum maris rubri,
Christo canámus principi.
Cujus corpus sanctissimum,
In ara crucis torridum,
Cruóre ejus roseo,
Gustando vivimus Deo.
Protecti Pascha vespere,
A devastante Angelo,
Erepti de durissimo.
Pharaónis imperio.
Jam Pascha nostrum Christus est,
Qui immolátus Agnus est,
Sinceritátis azima,
Caro ejus obláta est.
O verè digna hostia,
Per quam fracta sunt tartara,
Redempta plebs captiváta:
Reddita vitæ præmia.
Consurgit Christus tumulo:
Victor redit de barathro,
Tarannum trudens vinculo,
Et paradisum reserans.
Quæsumus auctor omnium,
In hoc Paschâli gaudio,

Ab omni mortis impetu,
Tuum defende populum.
Gloria tibi Domine,
Qui surrexisti à mortuis,
Cum Patre & sancto Spiritu,
In sempiterna sæcula. Amen.

Pour la feste du S. Sacrement.

PAnge lingua gloriósi,
Corporis mysterium,
Sanguinísque pretiósi,
Quem in mundi pretium,
Fructus ventris generósi,
Rex effúdit gentium.
Nobis datus, nobis natus,
Ex intacta Virgine,
Et in mundo conversátus,
Sparso verbi semine,
Sui moras incolátus,
Miro clausit ordine.
In suprémæ nocte cœnæ,
Recumbens cum fratribus,
Observáta lege plenè,
Cibis in legalibus,
Cibum turbæ duodénæ,
Se dat suis manibus.
Verbum caro, panem verum,
Verbo carnem efficit,
Fitque sanguis Christi merum,
Et si sensus deficit,
Ad firmandum cor sincérum,

Sola fides sufficit.

Tantum ergo Sacramentum,
Venerémur cernui,
Et antiquum documentum,
Novo cedat ritui,
Præstet fides supplementum,
Sensuum defectui.

Genitóri Genitóque,
Laus & jubilatio,
Salus, honor, virtus quoque,
Sit & benedictio:
Procedenti ab utróque,
Compar sit laudatio. Amen.

A COMPLIES.

Te lucis ante terminum,
Rerum Creátor poscimus,
Ut pro tua clementia,
Sis præsul ad custodiam.

Procul recédant somnia,
Et noctium phantasmata,
Hostémque nostrum comprime,
Ne polluantur corpora.

Præsta, Pater piissime,
Patrique compar unice,
Cum Spiritu Paraclito,
Regnans per omne sæculum.
Amen.

Pour les festes de la sainte Vierge.

VIrgo Dei genitrix,
Quem totus non capit orbis;
In tua se clausit viscera factus homo.
Vera fides geniti,
Purgávit crimina mundi,
Et tibi Virginitas invioláta manet.
Te matrem pietátis,
Opem te flagitat orbis,
Subvenias famulis, ô benedicta tuis.
Gloria magna Patri,
Compar tibi gloria, Nate,
Cum sancto Spiritu, gloria magna Deo.
Amen.

Pour le Caresme.

CHriste, qui lux es & dies,
Noctis tenebras detegis.
Lucisque lumen crederis,
Lumen beátum prædicans.
Precámur sancte Domine,
Defende nos in hac nocte,
Sit nobis in te requies,
Quiétam noctem tribue.
Ne gravis somnus irruat,
Nec hostis nos surripiat,
Nec caro illi consentiens,
Nos tibi reos statuat.
Oculi somnum capiant,
Cor ad te semper vigilet,
Dextera tua protegat,

Famulos qui te diligunt.
Defensor noster aspice,
Insidiantes reprime,
Guberna tuos famulos,
Quos sanguine mercátus es.
Memento nostri Domine,
In gravi isto corpore,
Qui es defensor animæ,
Adesto nobis Domine.
Deo Patri sit gloria,
Ejusque soli Filio,
Cum Spiritu Paraclito,
Et nunc & in perpetuum. Amen.

Pour le temps de Pasque.

JEsu Salvátor sæculi,
Verbum Patris Altissimi,
Lux lucis invisibilis,
Custos tuórum pervigil.
Tu Fabricátor omnium:
Discretor atque temporum;
Fessa labóre corpora,
Noctis quiéte recrea.
Te deprecámur supplices,
Ut nos à morte liberes,
Ne valeat seducere,
Tuo redemptos sanguine.
Ut dum gravi in corpore,
Brevi manémus tempore,
Sic caro nostra dormiat,
Ut mens in Christo vigilet.

Gloria

Gloria tibi Domine,
Qui ſurrexiſti à mortuis,
Cum Patre & ſancto Spiritu,
In ſempiterna ſæcula. Amen.

A la fin de Complies.

ALma Redemptóris Mater, quæ pervia cœli.
Porta manes, & ſtella maris, ſuccurre cadenti.
Surgere qui curat populo: Tu quæ genuiſti.
Natúra mirante, tuum ſanctum genitórem.
Virgo priùs ac poſteriùs: Gabriélis ab ore.
Sumens illud ave peccatórum miſerére.

AVe Regína cœlórum,
Ave Domina Angelórum,
Salve radix: ſalve porta,
Ex qua mundo lux eſt orta.
Gaude Virgo glorióſa,
Super omnes ſpecióſa,
Vale, ô valde decóra,
Et pro nobis Chriſtum exóra.

REgina cœli, lætáre, alleluia.
Quia quem meruiſti portáre, alleluia.
Reſurrexit ſicut dixit, alleluia.
Ora pro nobis Deum, alleluia.

LES RESPONSES DE LA MESSE.

Le Prestre. INtroíbo ad altáre Dei.
Le Clerc. Ad Deum qui lætificat juventútem meam.
Le Pr. Judica me Deus, & discerne causam meam de gente non sancta ab homine iníquo & dolóso erue me.
Le Cl. Quia tu es Deus fortitúdo mea quare me repulisti & quare tristis incédo, dum afflígit me inimícus?
Le Pr. Emitte lucem tuam & veritátem tuam ipsá me deduxérunt & adduxérunt in montem sanctum tuum & in tabernacula tua.
Le Cl. Et introíbo ad altáre Dei, ad Deum qui lætificat juventútem meam.
Le Pr. Confitébor tibi in cithara, Deus, Deus meus, quare tristis es anima mea, & quare conturbas me.
Le Cl. Spera in Deo quoniam adhuc confitébor illi, salutáre vultus mei & Deus meus.
Le Pr. Gloria Patri, &c.
Le Cl. Sicut erat in principio, &c.
Le Pr. Introíbo ad altáre Dei.

Le Cl. Ad Deum qui lætificat juventútem meam.
Le Pr. Adjutorium noſt.um in nomine Domini.
Le Cl. Qui fecit cœlum & terram.
Le Pr. Confiteor Deo, &c.
Le Cl. Miſereátur, &c.
Le Pr. Indulgentiam abſolutiónem & remiſſiónem omnium peccatórum noſtrórum tribuat nobis omnipotens & miſericors Dominus. *Le Cl.* Amen.
Le Pr. Deus tu converſus vivificábis nos.
Le Cl. Et plebs tua lætabitur in te.
Le Pr. Oſtende nobis Domine miſericordiam tuam.
Le Cl. Et ſalutáre tuum da nobis.
Le Pr. Domine exaudi oratiónem meam.
Le Cl. Et clamor meus ad te veniat.
Le Pr. Dominus vobiſcum.
Le Cl. Et cum ſpiritu tuo.
Le Pr. Kyrie eleiſon. *Le Cl.* Kyrie eleiſon. *Le Pr.* Kyrie eleiſon. *Le Cl.* Chriſte eleiſon. *Le Pr.* Chriſte eleiſon. *Le Cl.* Chriſte eleiſon. *Le Pr.* Kyrie eleiſon. *Le Cl.* Kyrie eleiſon. *Le Pr.* Kyrie eleiſon.
Le Pr. Dominus vobiſcum.
Le Cl. Et cum ſpiritu tuo.
Le Pr. Per omnia ſæcula ſæculórum.
Le Cl. Amen.

Le Clerc dit à la fin de l'Epiſtre, Deo gratias.

Le Pr. Dominus vobiſcum.
Le Cl. Et cum ſpiritu tuo.
Le Pr. Sequentia ſancti Evangelii, &c.
Le Cl. Gloria tibi Domine.
L'Evangile eſtant fini, le Clerc reſpond, Laus tibi Chriſte. *Le Pr.* Oráte fratres.
Le Cl. Suſcipiat Dominus ſacrificium de manibus tuis, ad laudem & gloriam nominis ſui, ad utilitátem quoque noſtram totiuſque Eccleſiæ ſuæ ſanctæ.
Le Pr. Per omnia ſæcula ſæculórum.
Le Cl. Amen.
Le Pr. Dominus vobiſcum.
Le Cl. Et cum ſpiritu tuo.
Le Pr. Surſum corda.
Le Cl. Habémus ad Dominum.
Le Pr. Gratias agámus Domino Deo noſtro.
Le Cl. Digmim & juſtum eſt.
Le Pr. Per omnia ſæcula ſæculórum.
Le Cl. Amen.
Le Pr. Et ne nos indúcas in tentatiónem.
Le Cl. Sed libera nos à malo.
Le Pr. Per omnia ſæcula ſæculórum.
Le Cl. Amen.
Le Pr. Pax Domini ſit ſemper vobiſcum.
Le Cl. Et cum ſpiritu tuo.
Le Pr. Per omnia ſæcula ſæculórum.
Le Cl. Amen.
Le Pr. Ite miſſa eſt, *ou* Benedicâmus

Domino. *Le Cl.* Deo gratias.
Le Pr. Benedicat vos omnipotens Deus, Pater, & Filius, & Spiritus ſanctus.
Le Cl. Amen.
Le Pr. Initium, *ou* Sequentia, &c.
Le Cl. Gloria tibi Domine.
L'Evangile fini, le Clerc reſpond, Deo gratias.

CHIFFRE ARITHMETIQUE avec ſa ſignification.

1 2 3 4 5 6 7
un. deux. trois. quatre. cinq. ſix. ſept.
8 9 10 11 12 13
huit. neuf. dix. onze. douze. treize.
14 15 16 17 18
quatorze. quinze. ſeize. dix-ſept. dix-huit.
19 20 21 22
dix-neuf. vingt. vingt-un. vingt-deux.
23 24 25
vingt-trois. vingt-quatre. vingt-cinq.
26 27 28
vingt-ſix. vingt-ſept. vingt-huit.
29 30 40 50
vingt-neuf. trente. quarante. cinquante.
60 70 70
ſoixante. ſeptante, ou ſoiante-dix.
80 80
huitante, ou octante, ou quatre-
80 90 90
vingts. nonante, ou quatre-vingts.

100 200 300
dix. cent. deux cens. trois cens.
400 500 600 700
quatre cens. cinq cens. six cens. sept cens.
800 900 1000 10000
huit cens. neuf cens. mille. dix mille.
50000 100000 1000000
cinquante mille. cent mille. million.

LETTRES NUMERALES avec leur signification.

I C D L M
un. cent. cinq cens. cinquante. mille.
V X
cinq. dix.

CHIFFRE ROMAIN avec sa signification.

I II III IV V VI VII
un. deux trois. quatre. cinq. six. sept.
VIII IX X XI XII XIII
huit. neuf. dix. onze. douze. treize.
XIV. XV XVI XVII
quatorze. quinze. seize. dix-sept.
XVIII XIX XX XXX
dix-huit. dix-neuf. vingt. trente.
XL L LX LXX
quarante. cinquante. soixante. septante,
LXX LXXX LXXX
ou soixante-dix. huitante, ou octante,
LXXX XC
ou quatre-vingts. nonante, ou quatre-

XC	C	CC	CCC
vingts-dix.	cent.	deux cens.	trois cens.
CD	D	DC	DCC
quatre cens.	cinq cens.	ſix cens.	ſept cens.
DCCC	CM	M	CCIƆƆ
huit cens.	neuf cens.	mille.	dix-mille.
IƆƆƆ	CCCIƆƆƆ		
cinquante mille.	cent mille.		

ABBREVIATIONS DES MOTS François de nombre.

1e.	2e.	2e.
premiere.	ſeconde, ou	deuxieſme.
3e.	4e.	5e.
troiſieſme.	quatrieſme.	cinquieſme.

6e.	7e.	8e.	9e.
ſixiéme.	ſeptieſme.	huitieſme.	neuvieſme.
10e.	11e.	12e.	13e.
dixieſme.	onziéme.	douxieſme.	treiziéme.

14e.	15e.	16e.
quatorziéme.	quinziéme.	ſeiziéme.
17e.	18e.	19e.
dix-ſeptieſme.	dix-huitieſme.	dix-neuvieſme.
20e.	21e.	22e.
vingtieſme.	vingt-unieſme.	vingt-deuxieſme.
30e.	40e.	50e.
trentieſme.	quarantieſme.	cinquantieſme.
100e.	1000e.	
centieſme.	millieſme. &c.	

1	2	3	4
premier.	ſecond.	troiſieſme.	quatrieſme, &c.

ABBREVIATIONS DES MOTS Latins de nombre.

1°. 2°. 3°. 4°. 5°.
primò. ſecundò. tertiò. quartò. quintò.
6°. 7°. 8°. 9°. 10°.
ſextò. ſeptimò. octavò. nonò. decimò.
11°. 12°. 13°.
undecimò. duodecimò. decimò tertiò.
14°. 15° 16°.
decimò quartò. decimò quintò. decimò
17°. 18°.
ſextò. decimò ſeptimò. decimò octavò.
19°. 20°. 30°.
decimò nonò. vigeſimò. trigeſimò.
40°. 50°. 60°.
quadrageſimò. quinquageſimò. ſexageſi-
70°. 80°. 90°.
mò. ſeptuageſimò. octogeſimò. nonageſi-
100°. 101°. 1000°.
mò. centeſimò. centeſimò primò. milleſimò
2000°. 3000°. 4000°.
bis milleſimò. ter milleſimò. quater mille-
5000°. 6000°.
ſimò. quinquies milleſimò. ſexies mille-
7000°. 8000°.
ſimò. ſepties milleſimò. octies milleſimò.
9000°. 10000°.
novies milleſimò. decies milleſimò.

Sapientiam atque doctrinam ſtulti deſpiciunt, *Prov.* 1.
Les inſenſez meſpriſent la ſageſſe & doctrine.

F I N.

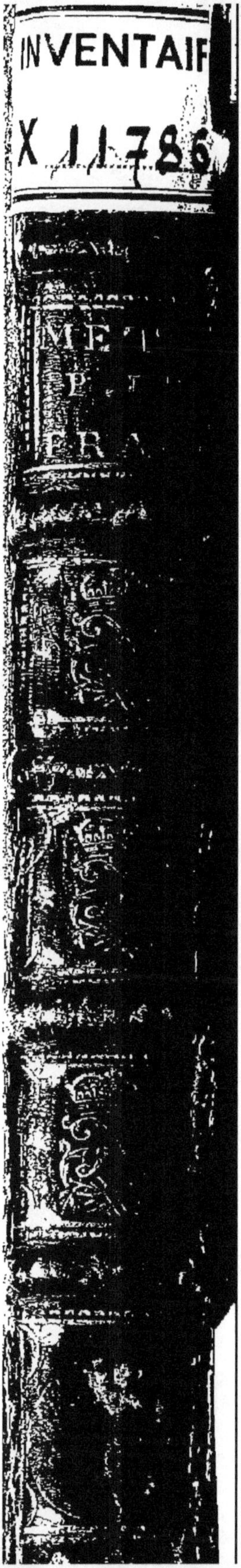
INVENTAIR
X 11786

www.ingramcontent.com/pod-product-compliance
Lightning Source LLC
Chambersburg PA
CBHW072021150426
43194CB00008B/1197